PASIÓN Y GLORIA

Pedro Roldán y las Hermandades de Sevilla

11 de noviembre de 2024 – 5 de enero de 2025

Fundación Cajasol Sevilla
Sala Velázquez

EXPOSICIÓN

ORGANIZACIÓN
Archidiócesis de Sevilla
Consejo General de Hermandades
y Cofradías de la Ciudad de Sevilla

PATROCINIO
Fundación Cajasol

ENTIDAD COLABORADORA
UMAS Mutua de Seguros

COMISARIO
José Roda Peña

COORDINADOR INSTITUCIONAL
José Francisco Haldón Reina

DISEÑO ORIGINAL, CREATIVIDAD E IMAGEN
Páginas del Sur S.L.

PRODUCCIÓN Y MONTAJE
Equipo técnico de la Fundación Cajasol:
Miguel Cordero, Ramón Bonilla, Iván Rivas,
Manuel Luque, Rafael Durán (pintura)
Equipo técnico de Páginas del Sur S.L.

RESTAURACIÓN
Manuel Antonio Ruiz-Berdejo Cansino

SEGUROS
UMAS Mutua de Seguros

VINILOS Y SEÑALÉTICA
AMEISIN 3.0 & DDcreativos

AGRADECIMIENTOS
Diputación Provincial de Sevilla, Fundación Cajasol,
Hermandad de la Alegría, Hermandad del Amor,
Hermandad de las Cigarreras, Hermandad de la
O, Hermandad de la Quinta Angustia, Hermandad
Sacramental de la Magdalena, Hermandad de Santa
Marta, Hermandad de las Siete Palabras, Hermandad
del Valle, Parroquia de San Andrés, Parroquia de Señora
Santa Ana, Parroquia de Santa María Magdalena,
Hermandad del Santo Entierro de Carmona

CATÁLOGO

EDICIÓN
Archidiócesis de Sevilla
Consejo General de Hermandades
y Cofradías de la Ciudad de Sevilla
Fundación Cajasol

COORDINADOR Y EDITOR LITERARIO
José Roda Peña

TEXTOS
José Roda Peña

CRÉDITOS FOTOGRÁFICOS
Todas las fotografías de este catálogo han sido
realizadas por Daniel Salvador-Almeida González,
a excepción de las siguientes:
Abalarte Subastas, p. 114b
Andrés Vázquez, p. 15
Archivo del Ayuntamiento de Gerona, pp. 62, 63, 82
Archivo Histórico Provincial de Sevilla, pp. 16, 70, 71
Archivos gráficos de hermandades, pp. 29, 46, 75,
79, 102, 119, 121
Biblioteca Fundación Juan March,
legado Joaquín Turina, pp. 94, 96, 120
Blog Carmona Cofrade, p. 85
César López Haldón, p. 89
Domingo Pozo Morón, p. 33
Fernando López López, p. 48
Fondo Gráfico IAPH, pp. 117, 118
Francisco Santiago, p. 78
Joaquín Corchero, p. 88
José Carlos Pérez Morales, pp. 45, 47, 49, 52, 122
José Roda Peña, pp. 19, 20, 30, 54, 74, 91, 106,
107, 108, 115
Junta de Andalucía, Andalucía Barroca, pp. 32, 97
La Suite Subastas, p. 114a
Manuel Jesús Rodríguez Rechi, pp. 25, 26
Pedro Casado Martín, p. 55
Pedro Manzano Beltrán, pp. 99, 100, 101, 103
Pepe Morón, p. 33, 90b
The Trustees of the British Museum, p. 12
Universidad de Valladolid, p. 22

DISEÑO, MAQUETACIÓN Y PRODUCCIÓN
Páginas del Sur S.L.

IMPRESIÓN
Artes Gráficas Moreno

ISBN
978-84-84-55454-7

DEPÓSITO LEGAL
SE 2577-2024

Fundación | Cajasol

Índice

Una de las características más acusadas de la piedad popular en general y de las hermandades en particular, es su acendrado sentido de la belleza y la búsqueda constante de la perfección y la excelencia. Estos dos aspectos, remarcados en cada culto, actividad o proyecto que las cofradías abordan, es una constante histórica prácticamente desde sus comienzos, hundiendo sus raíces en los mismos orígenes de la Iglesia, preocupada por hacer comprensible a los fieles los misterios de la fe. Este hecho ha posibilitado que estas corporaciones de la Iglesia atesoren un ingente patrimonio artístico que ha ido pasando de generación en generación de hermanos y que, en su misma esencia, está concebido y se elabora para ser puesto a la veneración de los fieles o para ser usado en la liturgia y en los actos de piedad de carácter público, lo que posibilita ser contemplado por cualquiera que, respondiendo a diversas motivaciones, se acerca a las manifestaciones de fe de las cofradías.

Para conseguir estos objetivos, la Iglesia ha buscado en cada momento histórico a personas realmente excepcionales, artistas y artesanos dotados de una sensibilidad excepcional, de un sentido de la estética fuera de lo común y, en la mayor parte de los casos, con una profunda fe. Cada uno en su campo ha venido dominando técnicas complejas y depuradas, puestas al servicio de la conversión y la evangelización. Uno de estos hombres, Pedro Roldán, es el protagonista de esta excepcional exposición que, una vez más, debemos a la generosidad de la Fundación Cajasol y de su presidente, don Antonio Pulido, a quien debemos agradecer en estas líneas su cercanía y el apoyo que viene prestando a cuantos proyectos le plantea la Archidiócesis. Iniciativas como esta, que se enmarcan en el contexto del II Congreso Internacional de Hermandades y Piedad Popular, nos permiten apreciar desde perspectivas diferentes el valor de la obra de arte, la calidad de las texturas y la policromía, el sentido teológico y trascedente de cada una de las piezas expuestas y su significado profundo, y todo ello hemos de agradecérselo a la maestría del catedrático de Historia del Arte don José Roda Peña, que ha comisariado una exposición que marcará un hito en el panorama cultural sevillano.

Acostumbrados como nos tiene a una profunda investigación y un análisis riguroso de las motivaciones, técnicas y sentido de la escultura andaluza moderna y contemporánea, presenta en este catálogo nuevas aportaciones que complementan, muy acertadamente, los estudios realizados hasta el momento, no solo sobre Pedro Roldán, sino sobre todo el prolífico entorno creativo que se desarrolló a partir de su taller. El hecho de que cuatrocientos años después del nacimiento de este escultor barroco podamos seguir deleitándonos con estos rostros y afectos del alma, es sin duda mérito de aquellos hombres que supieron traspasar los límites de una época histórica concreta gracias a una extraordinaria sensibilidad, pero también por el afán de la Iglesia en cuidar y transmitir a las generaciones venideras todo ese patrimonio espiritual y trascendente heredado de las generaciones que nos precedieron, con el único fin de glorificar a Dios, a la Santísima Virgen y a los santos. ❧

+José Ángel Saiz Meneses
Arzobispo de Sevilla

El **II Congreso Internacional de Hermandades y Piedad Popular** que Sevilla acoge del 4 al 8 de diciembre de este año 2024 servirá para poner de relieve la importancia de la religiosidad popular en nuestra tierra, auténtica muestra de realidad eclesial, que constituye un verdadero dique de contención frente a la ola de relativismo y consumismo que atravesamos, males de nuestro tiempo, ante los que repetidamente nos han alertado los últimos pontífices: san Juan Pablo II, Benedicto XVI y Francisco.

Somos conscientes de la importancia del evento que celebramos, porque trasciende las fronteras de nuestra ciudad, sobre la que se va a focalizar la mirada de toda la Iglesia durante unos días y para la que debemos ser todo un referente.

A las diversas actividades de distino orden que se han organizado, hay que sumar la celebración de distintas exposiciones, destinadas a poner de relieve el rico patrimonio artístico, documental e histórico que atesoran nuestras hermandades, fruto de la secular devoción de los cofrades hacia los titulares de las distintas hermandades, auténtica *via pulchritudinis*, que pone de relieve cómo el Arte es un vehículo singular para evangelizar, para exaltar los más nobles sentimientos y para acercar las almas a Dios por medio de la belleza.

No puedo dejar de expresar mi especial agradecimiento a la Fundación Cajasol por albergar en la Sala Velázquez la presente exposición, en la que podemos admirar una selección de la producción escultórica del insigne artista barroco Pedro Roldán para distintas hermandades sacramentales, de penitencia y gloria de la capital hispalense.

También debo expresar mi reconocimiento y felicitación al profesor D. José Roda Peña, catedrático de Historia del Arte de la Universidad de Sevilla y Vicepresidente del Consejo General de Hermandades y Cofradías, por la brillante labor desarrollada como comisario de esta excelente muestra, a lo que hay que sumar la edición del presente catálogo que, junto a una información perfectamente documentada, con abundante aparato gráfico y pulcra edición, conforma una publicación que viene a enriquecer el conocimiento sobre ese tesoro vivo de piedad y religiosidad que son nuestras Hermandades. ❦

FRANCISCO VÉLEZ DE LUNA
Presidente del Consejo General de Hermandades y Cofradías de la Ciudad de Sevilla

Este Catálogo y la extraordinaria muestra sobre Pedro Roldán que acogemos en nuestra sede con motivo del II Congreso Internacional de Hermandades y Piedad Popular forman parte de la contribución de la Fundación Cajasol a este importante acontecimiento que se celebra en la ciudad.

Nuestra tierra es un referente incuestionable en el terreno de las manifestaciones populares de la religiosidad y la fe, una vocación que define nuestra identidad y que da lugar a un monumental patrimonio cultural y artístico que entre todos tenemos que difundir y proteger.

Esta misma publicación, gracias al talento del catedrático José Roda Peña, se añade a este valioso tesoro patrimonial con sus revelaciones de nuevos aspectos de la escuela del genio barroco de la escultura, un ejemplo del papel protagonista de las artes en la expresión de la espiritualidad más profunda.

Para nuestra entidad, que también acoge otras actividades relacionadas con el congreso que llenará Sevilla de cofrades de todo el mundo, es un honor colaborar con las hermandades y con la Iglesia de la ciudad en un nuevo y ambicioso proyecto que plasma nuestro compromiso con la cultura, las tradiciones y el sentir más sagrado de los sevillanos y andaluces. ✺

ANTONIO PULIDO GUTIÉRREZ
Presidente de la Fundación Cajasol

Pasión y Gloria
Pedro Roldán y las Hermandades de Sevilla

Esta exposición que se desarrolla en la Sala Velázquez de la Fundación Cajasol, viene a ser el complemento idóneo de la que tuvo lugar hace pocos meses en el Museo de Bellas Artes de Sevilla, con Pedro Roldán (1624-1699) como protagonista absoluto en el marco del IV centenario de su nacimiento, pues recordaremos que el célebre escultor barroco fue bautizado el 14 de enero de 1624 en la pila bautismal de la parroquia del Sagrario de la catedral hispalense.

La presente muestra, organizada al amparo de la celebración en nuestra ciudad del II Congreso Internacional de Hermandades y Piedad Popular entre el 4 y el 8 de diciembre del presente año 2024, tiene por objeto presentar una apurada selección de los trabajos escultóricos realizados por Pedro Roldán por encargo de las hermandades de Sevilla capital. Naturalmente, en tal antología se ha prescindido de las imágenes titulares de nuestras cofradías –salvo de alguna extinguida–, pero pensamos que el conjunto de piezas escogidas, tanto de bulto redondo como relieves, resulta significativo, al menos desde el punto de vista iconográfico, de su fecunda producción para las hermandades sevillanas de penitencia, gloria y sacramentales, incluyendo algunas realizaciones escultóricas que sin haber sido comisionadas expresamente por aquellas, las han utilizado circunstancialmente en el aparato de sus cultos o salidas procesionales.

Se expone un total de treinta obras, pertenecientes en la actualidad a nueve hermandades, tres parroquias y la Diputación Provincial de Sevilla –con depósito en la propia Fundación Cajasol–. Junto a imágenes devocionales singulares –de talla completa y de candelero para vestir–, abundan las parejas –y un cuarteto– de ángeles y sendos conjuntos de cartelas de pasos de Semana Santa, elenco al que deben añadirse un valioso documento de la Hermandad de La O, una pintura en la que se reproduce a la Virgen de la Antigua y Siete Dolores y la bambalina frontal del paso de palio de Nuestra Señora del Valle.

Algunas de estas esculturas nunca habían sido llevadas a una exposición con anterioridad y, lo que reviste aún mayor interés, varias se agregan por primera vez al catálogo de obras atribuidas con fundamento a Pedro Roldán, caso del San Pedro del misterio de la Sagrada Entrada de Jesús en Jerusalén, de la Hermandad del Amor, y de los dos ángeles que de ordinario escoltan a la imagen de Santa Marta en la parroquia de San Andrés. De muchas, en fin, se aportan apreciaciones novedosas y datos documentales inéditos que completan el conocimiento de su historia devocional y material. ❦

JOSÉ RODA PEÑA
Comisario de la exposición

Pedro Roldán

Escultor sevillano en la plenitud del barroco

● **José Roda Peña**
Universidad de Sevilla

Pedro Roldán (1624-1699), de quien estamos celebrando este año 2024 el IV centenario de su nacimiento, es la personalidad más relevante del panorama escultórico sevillano de la segunda mitad del siglo XVII y una de las figuras estelares de la escultura barroca española, como así lo ha venido reconociendo la historiografía artística, a partir de la pionera biografía que le dedicara el pintor y tratadista Antonio Palomino en 1724. Efectivamente, en las páginas de su *Parnaso Español Pintoresco Laureado*, Palomino declaraba que Roldán era "natural y vecino de la ciudad de Sevilla, y de muy ilustre familia; fue eminente escultor, pintor, y arquitecto, y el primero que hizo las cabezas de los niños con graciosa compostura de pelo… y asimismo en todo lo demás fue superior su habilidad… Murió… no solo con créditos de eminente artífice, sino de venerable varón, por su eximia virtud, y buen ejemplo".

Francisco de Goya (atribución). *Retrato de Pedro Roldán*. 1798-1799. The British Museum, Londres. © The Trustees of the British Museum.

Resulta incuestionable la impronta que, entre sus contemporáneos y hasta bien avanzado el siglo XVIII, dejó su peculiar técnica de talla abocetada y su gusto por las composiciones abiertas, así como la reconocible caracterización estilística y morfológica de sus imágenes, que reflejan una contenida dinamicidad y notable capacidad expresiva, sin olvidar su contribución a la hora de consagrar determinados modelos iconográficos.

Pedro Roldán fue el escultor sevillano de su generación que gozó de mayor prestigio y proyección externa, como lo prueba que sus creaciones escultóricas, mayoritariamente de temática religiosa y realizadas en madera policromada, piedra y yeso, fueran requeridas y enviadas, ya en su tiempo, a numerosas ciudades andaluzas y a localidades de la Baja Extremadura, el País Vasco y el archipiélago canario. Entre sus clientes figuraron cabildos catedralicios, órdenes religiosas, fábricas parroquiales, hermandades y cofradías, miembros del alto y bajo clero, nobles, funcionarios, comerciantes y otros muchos particulares que tuvieron el suficiente poder adquisitivo para encargarle alguna obra.

Perfil biográfico

Pedro Roldán fue hijo del matrimonio formado por Marcos Roldán, carpintero de profesión, e Isabel de Nieva, ambos oriundos de Antequera (Málaga), como también lo fueron los abuelos y ocho hermanos de nuestro escultor. Pedro se bautizó en la parroquia del Sagrario de la catedral de Sevilla el 14 de enero de 1624, pero el hecho de que él mismo declarase en su expediente matrimonial que se había criado en Antequera, parece indicar que sus padres decidieron retornar pronto a su ciudad de origen. En 1638, cumplidos los catorce años, y orientada definitivamente su vocación artística, Pedro llegó a Granada para aprender el oficio de escultor en el taller de Alonso de Mena. En la morada de su maestro, situada en la feligresía de Santiago, permaneció viviendo hasta que el 1 de octubre de 1642 contrajo matrimonio, a los dieciocho años, en la parroquia albaicinera de San Nicolás, con Teresa de Ortega y Villavicencio, granadina de nacimiento. Es presumible que Pedro Roldán, tras su boda, continuara trabajando en el obrador regentado por Alonso de Mena, con toda probabilidad ya como oficial de escultor.

Debe recordarse que durante el segundo cuarto del siglo XVII, el de Alonso de Mena y Escalante (1587-1646) fue el más importante y productivo de los talleres de escultura abiertos en Granada. Debieron resultar sumamente enriquecedores para Pedro Roldán aquellos años en los que permaneció allí, formándose, conviviendo y trabajando codo a codo con los hijos del maestro, Alonso (1621-c. 1666) y Pedro de Mena y Medrano (1628-1688), prácticamente de su misma quinta, y con quienes debió trabar una fraternal amistad, lo mismo que con otro de los aprendices del taller, Juan Pérez Crespo (†1659) –casado en 1646 con Sebastiana de Mena y Medrano–, una relación esta última sostenida y acrecentada en Sevilla.

Aunque durante mucho tiempo se pensó que la llegada de Pedro Roldán a Sevilla, para establecer aquí su residencia definitiva, estuvo motivada por la muerte de su maestro Alonso de Mena, ocurrida el 4 de septiembre de 1646, lo cierto es que ya se hallaba en la ciudad de la Giralda, cuando menos, desde mayo de ese año. En consecuencia, hay que buscar otras razones que expliquen su decisión de trasladarse a Sevilla. Quizás constituyera un viejo anhelo suyo y que –como se ha especulado– se sintiera atraído tanto por la fama de Juan Martínez Montañés (1568-1649), indeclinable a pesar de su ancianidad y de encontrarse en el ocaso de su carrera, como por las vastas posibilidades laborales que la metrópolis hispalense le ofrecía.

Pedro Roldán. *Cristo descendido de la cruz*. 1666-1668. Parroquia del Sagrario de la Santa Iglesia Catedral, Sevilla. Foto: Daniel Salvador-Almeida González.

Las esculturas para el retablo mayor del convento de franciscanas concepcionistas de Santa Ana de Montilla –cuya ensambladura corrió a cargo de Blas de Escobar– se convierten, por el momento, en su primer conjunto documentado y conservado, motivando su mudanza a la hermosa población cordobesa en mayo de 1653, donde vivió durante todo un año. En el transcurso de estos primeros años sevillanos, cuando se produce el despegue de su carrera profesional, Roldán entabla relaciones de cordial amistad, que a veces llegarán a fructificar en colaboraciones laborales con reconocidos artistas, como el arquitecto Sebastián de Ruesta, los escultores Felipe de Ribas, Juan Pérez Crespo y muy probablemente José de Arce; el ensamblador Francisco de Ribas o los pintores y policromadores Gaspar de Ribas, Ignacio de León Salcedo y Juan de Valdés Leal. Junto a los numerosos vástagos que iban naciendo, también se hallaba bajo su cuidado su sobrino Julián Roldán Guerrero, que se habría de convertir en uno de los principales colaboradores de su taller.

Entre 1664 y 1672, Pedro Roldán concurrió para dibujar y modelar del natural a la academia que los pintores tenían establecida desde 1660 en la Casa Lonja. Allí se relacionaría con los más destacados artífices del momento, como el ensamblador Bernardo Simón de Pineda, sus colegas los escultores Gabriel de Mata, Alfonso Martínez, Andrés Cansino y Francisco Antonio Gijón, y un considerable número de maestros del pincel, muchos de los cuales se convertirían en habituales policromadores de su obra. Durante esos años, y en relación con este mismo círculo de artistas, se fraguaron algunos de los más importantes encargos de su vida laboral, que habrían de reportarle una fama imperecedera, singularmente sus esculturas para los retablos mayores de la capilla de la Piedad –que la nación vizcaína poseía en el convento casa grande de San Francisco de Sevilla– y del hospital de la Santa Caridad.

Desde 1666, Pedro Roldán aparece residiendo en la feligresía de San Marcos, donde vivirá ya hasta el final de sus días en unas casas de la plazuela de Valderrama. Cercano a su domicilio, en la collación de San Juan de la Palma, se encontraba su espacioso taller. Además, fue comprando o tomando a tributo perpetuo otras numerosas fincas urbanas, de cuyos arrendamientos obtuvo unos pingües ingresos económicos, muy necesarios para mantener a su abundante prole y a los aprendices que estaban a su cargo, algunos de los cuales se convertirían en sus futuros yernos, al contraer matrimonio su hija Luisa con Luis Antonio de los Arcos, María Josefa con Matías de Brunenque y Francisca con José Felipe Duque Cornejo. Pero, a no dudarlo, una de sus principales inversiones fue la adquisición en 1674 de una hacienda en el término de Mairena del Alcor, en aquel momento plantada de viñas. Progresivamente fue aumentando en superficie aquella heredad, mediante la compra de terrenos colindantes, sustituyendo Roldán el cultivo de la vid por el del olivo, con el consiguiente cambio del sistema de explotación de aquellas tierras, que permanecieron en sus manos hasta noviembre de 1694, cuando decidió vender todo aquel latifundio de más de 164.000 metros cuadrados al religioso fray Francisco Silvestre, provincial de la Orden de San Agustín, por la suma de 2.000 ducados.

El 13 de junio de 1671, Pedro Roldán fue recibido como cofrade en la Hermandad de la Santa Cruz del Caño Quebrado, humilde corporación fundada para honrar la memoria de los difuntos enterrados en la plaza del mismo nombre –hoy rotulada de Monte-Sión– con motivo de la terrible epidemia de peste de 1649, y que tan cercana estaba al domicilio del artista. Hablando de las convicciones religiosas de Roldán, convendría recordar que fue hermano de la espiri-

Santa Cruz del Caño Quebrado. 1663. Iglesia de San Buenaventura, Sevilla. Foto: Andrés Vázquez.

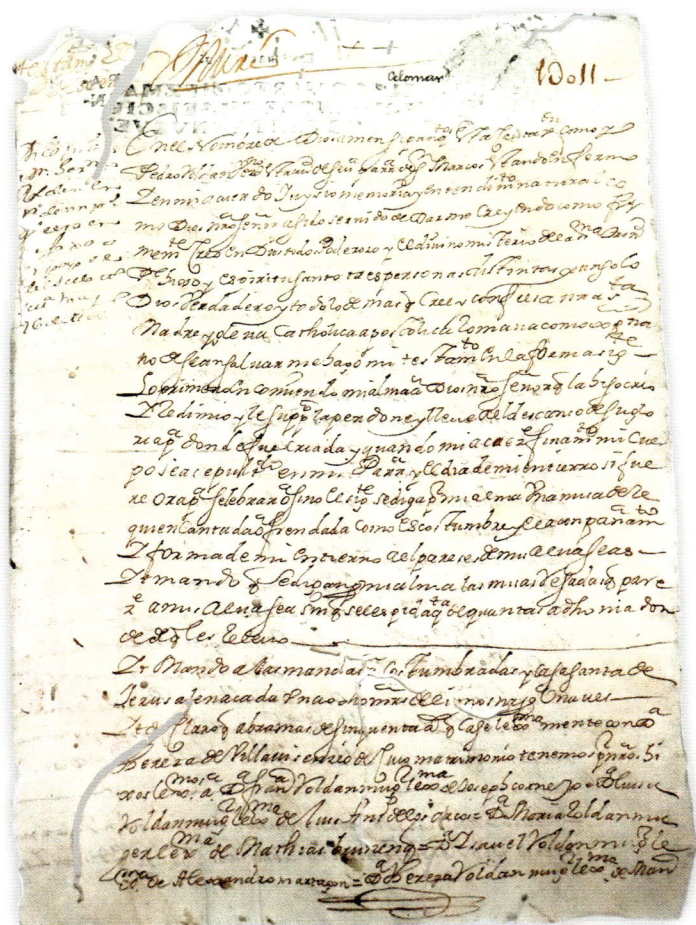

Testamento de Pedro Roldán. 30 de junio de 1699. AHPSe, Protocolos Notariales, Leg. 17967, f. 1011r. Foto: Archivo Histórico Provincial de Sevilla.

tualmente exigente Santa Escuela de Cristo del Espíritu Santo desde su fundación en 1662, siendo eximido en 1674 de participar en sus ejercicios semanales, a los que solía faltar no "por falta de afecto y devoción… sino por la necesidad precisa que le obliga a la asistencia de su trabajo personal por las muchas obras que tiene a su cargo de escultor de imaginería".

El último trimestre de 1675 marca el inicio de una serie de viajes y estancias de Pedro Roldán por distintas localidades de Andalucía, con objeto de poder contratar y en su caso de afrontar "in situ" la realización de determinados encargos, ciertamente relevantes, como lo señala la naturaleza de sus comitentes: el cabildo de la catedral de Jaén, los cartujos de Jerez de la Frontera, el patrono del convento cordobés de Santa Isabel de los Ángeles D. Luis Gómez Bernardo Fernández de Córdoba y Figueroa, o el obispo de Córdoba fray Alonso Salizanes.

El 16 de septiembre de 1689, cumplidos ya los 65 años, y habiendo caído gravemente enfermo, Pedro Roldán otorgó poder para testar a su esposa, Teresa de Villavicencio, por si se daba la circunstancia de no poderlo hacer por sí mismo. Afortunadamente, pudo superar aquella dolencia, iniciando la última década de su existencia con un encargo artístico de indudable envergadura, como sin duda lo era el retablo mayor del convento hispalense de religiosas clarisas de Santa María de Jesús, con el que también daba principio a una colaboración estable con el ensamblador montillano Cristóbal de Guadix. En compañía de su hijo Pedro Roldán "el Mozo", el 16 de junio de 1690 ajustó la realización de veinticuatro columnas de jaspe para la iglesia del hospital del Buen Suceso de Sevilla, justificándose por esta y otras intervenciones e informes periciales, que Roldán se autoproclamara en alguna ocasión como "un devoto inteligente de la arquitectura". Su capacidad para el diseño arquitectónico ya le había facultado tiempo atrás para ofrecer maquetas y diseños de retablos.

Encontrándose muy delicado de salud, pero en su "acuerdo, juysio y entendimiento natural", Pedro Roldán otorgó testamento el 30 de julio de 1699. Allí reconoce que su patrimonio era "de muy corta consideración", recordando que cuando se casó con Teresa de Villavicencio, hacía más de cincuenta años, él no había podido aportar caudal alguno a las nupcias, mientras que su esposa llevaba una dote de 400 ducados. Nombra como herederos a los ocho hijos que perduraban de su matrimonio, nombrándolos uno a uno, por orden de sus respectivos nacimientos: Francisca, Luisa, María, Isabel, Teresa, Ana, Marcelino y Pedro. Y como albaceas, a su mujer Teresa, a su hijo Marcelino y a su yerno José Cornejo. Pedro Roldán murió a los 75 años, siendo enterrado el 4 de agosto de 1699 en la parroquia de San Marcos, hacia la cabecera de la nave del evangelio, al pie del retablo de Nuestra Señora del Rosario.

Personalidad artística

Por lo que hasta ahora se conoce de la producción documentada de Pedro Roldán, parece deducirse que la huella estilística dejada por Alonso de Mena y Escalante en su plástica no debió de ser muy profunda. Sin embargo, parece obvio que otros factores de naturaleza emocional, criterios de orden técnico y de organización laboral asimilados en el seno de aquel taller, así como determinados modelos iconográficos que allí pudo contemplar, sí que pudieron calar profundamente en su ánimo y quehacer profesional.

Cuando Pedro Roldán llega a Sevilla, los dos principales talleres escultóricos de la ciudad eran los regentados por Juan Martínez Montañés y Felipe de Ribas. El primero se encontraba en el crepúsculo de su actividad profesional, pero su prestigio no había experimentado merma alguna, de modo que sería razonable pensar que el joven Roldán tomase contacto con él. Sí está plenamente acreditada su relación personal con Felipe de Ribas, muerto prematuramente en 1648, prolongándose después los vínculos afectivos y laborales con sus hermanos Gaspar y Francisco Dionisio, pintor y arquitecto de retablos, respectivamente.

Un hecho incontrovertible es que a resultas de la terrible crisis, en todos los órdenes, que supuso para Sevilla la epidemia de peste de 1649, donde encontró la muerte Martínez Montañés, Pedro Roldán comenzaría a capitalizar buena parte del mercado escultórico local, llegándose a convertir en el escultor más prolífico e influyente de la segunda mitad del siglo XVII. Sus esculturas para el aludido retablo de Santa Ana de Montilla (1652-1654), espléndidamente policromadas por Francisco de Fonseca (c. 1610-c. 1674), vienen a demostrar la rápida aclimatación de su gubia al ambiente artístico sevillano y, sobre todo, denotan una incuestionable afinidad de estilo con la novedosa producción del escultor flamenco José de Arce (c. 1600-1666), a quien Roldán parece seguir con entusiástico fervor por la senda de un barroquismo renovado, en clave europea, que se rebela "contra aquel mundo de actitudes reposadas, de cabelleras minuciosamente esculpidas, y de paños quebrados en mil pequeños dobleces", como lo describiera el profesor Diego Angulo refiriéndose a la estética montañesina. No en balde, la figura de Arce –formado en la admiración hacia Rubens, Bernini y, sobre todo, Jérôme y François Du Quesnoy– es clave en la introducción del pleno barroco, monumental y dinámico, en

Pedro Roldán. *Santo Entierro*. 1670-1673. Iglesia del Hospital de la Santa Caridad, Sevilla.
Foto: Daniel Salvador-Almeida González.

el escenario escultórico de Andalucía Occidental, adonde llegó después de haber estado presente en Roma, al menos entre 1631 y 1634. Esta incontestable relación que se plantea entre la producción temprana de Roldán con la técnica suelta y la expresiva teatralidad tan características de Arce –de la que también participó el escultor Alonso Martínez (1612-1668), llegado a Sevilla desde Cádiz en 1650, convirtiéndose en directo competidor de Roldán hasta su muerte en 1668– debió de cimentarse a través del conocimiento directo de su obra.

Un intento de caracterización de la obra de Pedro Roldán pasaría por reconocer su predilección por unas composiciones abiertas y de contenida dinamicidad, donde el movimiento de la figura, siempre de manera mesurada y buscando el equilibrio de los volúmenes al tiempo que una cierta proyección espacial, se expresa a través del eventual despliegue de los brazos, la flexión de las articulaciones, el adelanto de una de las piernas o la ocasional rotación de la cabeza, manos y torso. El flexible tratamiento de los paños, a base de golpes de gubia que generan amplios y profundos plegados de ritmos ondulantes, produce potentes efectos de claroscuro que dramatizan la visión de la pieza e incrementan su apariencia de fugacidad y vida. La talla de los cabellos y barbas, configurando largos y sinuosos mechones compactos por donde resbala la luz, presenta un aspecto abocetado de clara inspiración pictórica. Sus rostros ofrecen rasgos contundentes de acusados perfiles.

El tono monumental y hasta heroico que adopta la mayor parte de sus representaciones hagiográficas y angélicas se concilia con el pronunciado naturalismo de sus esculturas pasionistas, cuya doliente expresividad y lenguaje gestual de calibrada vehemencia persigue impactar sensorialmente al espectador. Entiendo que es, precisamente, en los grupos destinados a desfilar procesionalmente en los pasos de Semana Santa y en sus famosos conjuntos de la Piedad y Santo Entierro, donde consigue un mayor efectismo teatral e intensidad comunicativa entre los propios figurantes, y de estos con respecto a sus contempladores, a quienes logran hacer partícipes de sus sentimientos con unas actitudes sencillas, desprovistas de afectación, pero plenas de veracidad y vibrante emoción. En los desnudos que, a este propósito, ofrecen las imágenes de Cristo en su Pasión, brilla una incuestionable maestría a la hora de proponer un modelado anatómico naturalista, "con gran verdad de imitación", como expresara a mediados del siglo XIX Amador de los Ríos, lejos de la complexión casi hercúlea, tan propia de las esculturas de Arce. De otro lado, el hecho de poseer entre sus bienes el conocido tratado de la *Simetría* de Alberto Durero, denota su interés por plasmar correctamente las proporciones del cuerpo humano, apelando a una normativa de raíz clasicista. La calidad de la obra escultórica de Pedro Roldán queda respaldada por su destreza como dibujante, ponderada por Ceán Bermúdez, quien consideraba sus dibujos a la pluma tan raros como apreciables, "sin otras indicaciones que las quadraturas de las formas".

Parece indudable que, desde la década de 1660, una comunión de intereses estéticos y laborales con los mejores retablistas, ornamentistas y pintores activos en Sevilla –singularmente con Bernardo Simón de Pineda y Juan de Valdés Leal–, provocó que el lenguaje artístico de Roldán se enriqueciera y adquiriera su plena madurez, creando una forma de narrar y expresar que impregnará no solo la obra escultórica de sus contemporáneos, sino que traspasará incluso los límites de su propia muerte, pues su influjo se prolongaría a lo largo de buena parte del siglo XVIII, a través de la producción de sus familiares y otros componentes de su taller, con especial mención de sus nietos Pedro Duque Cornejo y los hermanos Roldán Serrallonga, así como de una auténtica legión de seguidores y admiradores de su plástica.

Pedro Roldán. *Nuestro Padre Jesús de la columna.* 1675. Parroquia de Santiago, Lucena (Córdoba). Foto: José Roda Peña.

Pedro Roldán. *Ángeles tenantes con el anagrama de María.* 1655. Sacristía de la Cartuja de Santa María de las Cuevas, Sevilla. Foto: José Roda Peña.

Pedro Roldán fue un artífice versátil en cuanto al empleo de materiales diversos como soporte de sus esculturas: la piedra, el yeso, la pasta y, sobre todo, la madera. Resulta digno de destacarse que adoptara solo de manera puntual el uso de aditamentos postizos, como es el caso de los ojos de cristal, pues mostró una clara preferencia porque aquellos estuvieran tallados y policromados sobre la propia madera, sin utilizar tampoco pestañas naturales, que a menudo se muestran peleteadas a punta de pincel. También hemos podido constatar la mayoritaria ausencia de lágrimas de cristal, simulándose mediante la propia película pictórica hasta el reguero y las gotas acuosas del llanto. Y es que la policromía, como no podía ser de otra manera, jugó un papel fundamental a la hora de acentuar los valores plásticos y los efectos expresivos de las esculturas de Pedro Roldán.

BREVE SÍNTESIS DE SU PRODUCCIÓN ESCULTÓRICA

Desconocemos la producción más temprana de Pedro Roldán, pues su primer encargo documentado data de 1652, tratándose de las esculturas talladas para el retablo mayor del convento de franciscanas concepcionistas de Santa Ana de Montilla, que fueron sufragadas por el médico local Andrés de Espejo, quien terminó de abonarle los 800 ducados de su coste en mayo de 1654. Al año siguiente, en 1655, Roldán fue llamado por los cartujos de Santa María de las Cuevas de Sevilla, bajo el segundo priorato de fray Blas Domínguez, para tallar las excelentes yeserías de su sacristía. Durante 1657 esculpió sus dos heroicas versiones del arcángel San Miguel, una para la Hermandad de las Ánimas Benditas del Purgatorio de la iglesia sevillana de San Vicente y la otra para la parroquia de San Miguel de Marchena. En unión del ensamblador Francisco Ramírez concertó el 22 de abril de 1659 la construcción del paso procesional de la cofradía de la Quinta Angustia, radicada por entonces en la iglesia del convento casa grande del Carmen de Sevilla; él, naturalmente, se hizo cargo de su programa escultórico, compuesto por ángeles y relieves de temática pasionista, algunos de los cuales los conserva esta hermandad para la que también ejecutó, en mi opinión con posterioridad al encargo mencionado, en torno a 1665-1675, las figuras de su espléndido misterio del Descendimiento, conservado en su actual sede de la parroquia hispalense de Santa María Magdalena.

En 1662, Roldán esculpió el San Juan Evangelista de vestir para la cofradía de Jesús Nazareno de El Puerto de Santa María. El 10 de septiembre de 1663, entre las condiciones del retablo que el ensamblador Pedro Camacho de la Vega protocolizaba con el capitán Miguel de Benavides, como alcalde de la cofradía del Rosario del convento dominico de San Pablo de Sevilla, se indicaba expresamente que sus esculturas correrían a cargo de Roldán, salvo la imagen mariana titular y un Santo Cristo que ya poseía la citada corporación, subsistiendo en el altar neoclásico actual las hermosas efigies de los arcángeles San Miguel y San Gabriel. Desde el mes de agosto de 1664, anduvo Pedro Roldán empeñado en la decoración escultórica en yeso de la capilla de Nuestra Señora del Rosario del convento hispalense de *Regina Angelorum*, que no se concluiría hasta finales de 1669. Aquel mismo año de 1664 trabajó Roldán para los hermanos y canónigos de la Puente Verastegui, fundadores de la capilla de San Isidoro de la catedral de Sevilla, tallándoles el San José con el Niño Jesús en brazos que sigue conservándose en el templo metropolitano. Pedro Camacho de la Vega y Pedro Roldán vuelven a trabajar juntos para una hermandad establecida en el convento de San Pablo el Real de Sevilla, la del Dulce Nombre de Jesús, contratando de mancomún su paso procesional el 15 de enero de 1665, dedicándose el primero a las labores de ensamblaje y el segundo a esculpir sus relieves y ángeles. Durante los últimos meses de este último año se intensifica el compromiso laboral de Pedro Roldán con la cofradía del Rosario del colegio de Regina, diseñando tanto la reja de hierro para su capilla –que sería fundada por los maestros herreros Pedro Muñoz y Francisco de la Chica, hoy colocada en la Puerta del Príncipe de la Real Maestranza de Caballería–, como las basas y enchapaduras de las pilastras de su interior, labradas en jaspe encarnado de la sierra de Cabra por los maestros canteros Juan Garzón y Juan de Torres, todo ello bajo la atenta inspección de Nicolás Bucarelli y Federigui, tesorero de la hermandad.

En febrero de 1666 se comprometió Roldán a terminar la decoración escultórica para el paso procesional del Santo Cristo de la Púrpura, de la cofradía sevillana de la Sagrada Columna y Azotes, habiéndose localizado cuatro ángeles que permanecen en poder de esta hermandad. Ese mismo año dibujó para la ya mencionada capilla del Rosario de Regina la encostradura de jaspes negros y colorados que los canteros Juan Garzón y Domingo Francisco tallaron para los muros de este recinto. También se le gratificó por el "modelo" del retablo que debía presidir este espacio sagrado,

CONCEBIDA SIN PECADO

Verdadero retrato de N.ª del Rosario, Patrona de la Real Maestranza que se venera en su Capilla de Regina Angelorum.

Dl. de Val del F.

Juan de Valdés. *Verdadero retrato de Nuestra Señora del Rosario del convento de Regina Angelorum.* Hacia 1732. Foto: Repositorio documental de la Universidad de Valladolid.

cuya ensambladura se encomendó a Francisco Dionisio de Ribas, esculpiendo el propio Roldán la imagen de vestir, ya desaparecida, de la Virgen del Rosario. Esta fructífera colaboración con Ribas viene a solaparse en el tiempo con otras dos empresas conjuntas: el retablo mayor de la suntuosa capilla de los Vizcaínos, en el derruido convento casa grande de San Francisco –que desde 1840 preside la cabecera de la parroquia del Sagrario de la catedral de Sevilla, donde acaba de restaurarse–, contratado el 30 de septiembre de 1666, y la desaparecida urna procesional para la cofradía de Nuestra Señora del Carmen y Santo Sepulcro de Córdoba, cuyo precio de 5500 reales les fue finiquitado en marzo de 1667.

En 1668, Roldán inició una fecunda y prolongada relación profesional con el ensamblador antequerano Bernardo Simón de Pineda. Comienza con un encargo modesto y de procelosa historia material: una custodia de madera para la hermandad sacramental de la parroquia sevillana de San Vicente, que no se conserva. También interesa hacer constar que cuando el 28 de julio de 1668 se contrató con Simón de Pineda la construcción del retablo mayor del hospital de la Misericordia, se ponía como condición que su escultura debía correr a cargo de Pedro Roldán o Alonso Martínez. Dado que este último falleció a finales de ese mismo año, hemos de suponer que se trate de un conjunto salido del obrador de Pedro Roldán, como parece pregonarlo la técnica de talla y la morfología que exhiben las imágenes. En la iglesia de Santa Bárbara de Écija recibe culto una dolorosa de candelero para vestir, bajo la advocación de la Fe, que en realidad fue esculpida por Pedro Roldán en torno a 1669-1670 para la cofradía del Rosario del convento ecijano de San Pablo y Santo Domingo, con el título de las Angustias.

La fecha del 19 de julio de 1670 merece estar escrita con letras de oro en la historia del retablo barroco español, pues en ese día se concertó una de sus máquinas lignarias más deslumbrantes: el retablo mayor del hospital de la Santa Caridad. Miguel Mañara, caballero del hábito de Calatrava, encabezaba como hermano mayor la diputación nombrada para suscribir la obligación contractual con Bernardo Simón de Pineda, estando asimismo presente Pedro Roldán, comprometido en la realización de todas

Pedro Roldán.
Cristo de la
Caridad. 1673-1674.
Iglesia del Hospital
de la Santa Caridad,
Sevilla. Foto: Daniel
Salvador-Almeida
González.

sus esculturas. El grupo central del Santo Entierro es una de las obras maestras de Roldán, donde consigue un mayor efectismo teatral e intensidad comunicativa entre los propios figurantes, y de estos con respecto a sus contempladores, a quienes logran hacer partícipes de sus sentimientos con unas actitudes sencillas, desprovistas de afectación, pero plenas de veracidad y vibrante emoción. Como uno de los fiadores del "maestro arquitecto" comparece el pintor Juan de Valdés Leal, quien habría de dorar y policromar todo el conjunto a partir de octubre de 1673. La alianza artística entre Bernardo Simón de Pineda y Pedro Roldán tendría su continuidad entre los muros de esta misma iglesia del Señor San Jorge, en el púlpito y en el retablo dedicado al Santo Cristo de la Caridad. Admitiendo, como nos revelan las actas de la corporación, que el propio Mañara indicase a Roldán el modo en que habría de representar esta efigie, una de las de mayor tono patético de toda su producción: hincado de rodillas, con la soga alrededor del cuello, las manos entrelazadas, la cabeza elevada y la mirada dirigida hacia lo alto, en actitud orante, parece claro que también retendría en su retina composiciones iconográficas similares producidas en Granada a comienzos del siglo XVII por los hermanos García, como la terracota conservada ahora en el monasterio de las Descalzas Reales de Madrid.

El 10 de noviembre de 1670, a los pocos meses de haberse contratado el retablo mayor de la Caridad, este trío excepcional –Pineda, Roldán y Valdés Leal– se convino con el capitán Sebastián de Arría, como marido y albacea testamentario de D.ª Ana Luna Ladrón de Guevara, para tallar, esculpir y dorar el retablo de Santa Ana, que debía presidir la capilla que dicha señora poseía en la iglesia sevillana de los clérigos menores, actual parroquia de Santa Cruz, donde permanece, aunque el grupo principal de Santa Ana maestra fue repolicromado en la segunda mitad del siglo XVIII. Vuelve a comparecer tan renombrada trilogía de artífices, junto al ensamblador Francisco Dionisio de Ribas y al pintor Bartolomé Esteban Murillo, comandando un abultadísimo equipo de maestros y oficiales que se encargaron de materializar, entre los meses de abril y mayo de 1671, las arquitecturas efímeras y demás ornatos dispuestos en la catedral y los adyacentes patio de los naranjos y parroquia del Sagrario –a instancias de sus hermandades de ánimas benditas y sacramental en estos dos últimos espacios–, con motivo de las jubilosas fiestas por el nuevo culto al rey Fernando III, tan minuciosamente descritas en el suntuoso libro del sacerdote sevillano Fernando de la Torre Farfán. No cabe duda de que en esta ocasión, Roldán contribuyó decisivamente a fijar para la posteridad la iconografía escultórica del santo monarca, restándonos la efigie que entonces presidió la principal ceremonia litúrgica en el altar mayor del templo metropolitano y hoy se expone en su sacristía mayor, procesionando anualmente en la solemnidad del Corpus Christi. Se le atribuye con fundamento el emocionante Cristo expirante de las Misericordias, que desde que fue tallado en 1671 recibe culto en la iglesia sevillana de Santa Cruz.

En enero de 1672 consta la llegada a Medina Sidonia del Cristo del Perdón, escultura en madera policromada tallada por Pedro Roldán, que fue venerada como titular de una cofradía erigida en 1667 en la parroquia de Santa María la Coronada. Ese mismo mes concertaron Bernardo Simón de Pineda y Valdés Leal el retablo de Nuestra Señora de la Soledad que se localiza en la parroquia sevillana de Santa Cruz, cuya imagen titular la consideramos obra de Pedro Roldán, tratándose de una interpretación personal, en talla completa, de la célebre imagen vestidera de la Soledad de Gaspar Becerra para los mínimos de Madrid. El 29 de junio de 1672, Pineda y Pedro Roldán contrataron con Esteban García de Guevara y Alonso García del Villar, hermano mayor y tesorero de la recién fundada congregación de Nuestra Señora de la Alegría en la parroquia sevillana de San Bartolomé, el retablo que habría de presidir su capilla, habiéndose conservado únicamente la escultura de San Ignacio de Loyola tallada por Roldán. En noviembre de 1672, los frailes cartujos de Santa María de las Cuevas aceptaron las condiciones por las que Bernardo Simón de Pineda y Pedro Roldán pactaron la realización de las ensambladuras y relieves de su nuevo

Pedro Roldán (atribución).
Cristo de las Misericordias.
1671. Parroquia de Santa
Cruz, Sevilla. Foto: Manuel
Jesús Rodríguez Rechi.

Pedro Roldán
(atribución). *Cristo
de la Oración en
el Huerto.* Hacia
1675. Capilla de
Monte-Sión, Sevilla.
Foto: Manuel Jesús
Rodríguez Rechi.

sagrario, que desde 1948 se encuentran en la cartuja jerezana de Santa María de la Defensión. Meses después, cuando el maestro ensamblador Francisco de Ballesteros concertó el 1 de marzo de 1673 el retablo mayor de la iglesia de Santiago de Carmona, se especificó en la escritura contractual que sus figuras e historias serían de mano de Pedro Roldán, aun cuando la mediocre calidad del conjunto llegado hasta nosotros prueba una palmaria intervención del taller. A los pocos meses, el 23 de mayo, el cónsul general de la nación francesa en Cádiz, D. Pedro Catalán, contrató con Damián Machado la construcción del retablo dedicado a San Luis rey de Francia para su capilla del convento de San Francisco de la capital gaditana, advirtiéndose que Pedro Roldán habría de tallar la escultura principal del santo monarca galo y las de los obispos San Dionisio y San Remigio que lo escoltarían en el cuerpo principal.

No se conservan, por desgracia, las esculturas que talló Pedro Roldán para el retablo ajustado el 14 de marzo de 1674 por Bernardo Simón de Pineda con la Congregación y Esclavitud del Dulcísimo Nombre de Jesús, Nuestra Señora de la Salud y Glorioso Patriarca San Ignacio de Loyola, establecida en la parroquial sevillana de San Isidoro. En cabildo celebrado el 1 de abril de 1674 por la cofradía sevillana de Montserrat se decidió acometer la construcción de un nuevo paso procesional para el misterio presidido por el Cristo de la Conversión del Buen Ladrón. La obra estuvo acabada, inclusive su dorado, en 1677, apareciendo el nombre de Roldán como autor de sus relieves y ángeles en un inventario de 1682. Perduran de este conjunto cuatro ángeles mancebos que fueron vendidos en 1944 a la Hermandad de Nuestro Padre Jesús de las Necesidades de la localidad cordobesa de Cabra.

En el testamento otorgado por el platero Luis de Acosta el 26 de agosto de 1674, se distinguía entre sus bienes un nutrido Nacimiento con figuras de madera talladas por su compadre Pedro Roldán, que no están localizadas; en cambio, sí subsiste en la recoleta capilla sevillana de la Escuela de Cristo de la Natividad el misterio, acompañado de los tres reyes magos, que debió de esculpir en torno a 1675 para la Escuela del Espíritu Santo, institución de la que Roldán fue hermano desde sus comienzos en 1662. La cofradía de la Vera Cruz de Lucena, radicada por entonces en la ermita de la Paz, concertó con Pedro Roldán en 1675 la talla de un Cristo amarrado a la columna, cuya excelente factura justifica que sea considerada como una de las obras más preciadas de la imaginería procesional lucentina. Para las fiestas por la beatificación de San Juan de la Cruz, que acontecieron durante octubre de 1675, Pedro Roldán recibió el encargo de los carmelitas descalzos del Santo Ángel de Sevilla de esculpir la imagen de candelero del nuevo beato que habría de presidir la procesión con que se coronaron tales demostraciones religiosas, dándose hoy por perdida. Añadamos que fue también en 1675 cuando otorgó testamento María Josefa de Esqueda, legando 400 reales a la cofradía sevillana de Monte-Sión "para ayuda de costa de la cabeza del Santísimo Cristo de la Oración en el Huerto que se está haciendo"; dicha datación, que viene a coincidir con la finalización de su nuevo paso por parte del entallador Bernardo Simón de Pineda, casa perfectamente con los rasgos estilísticos que presenta dicha imagen procesional, atribuida ya por Antonio Ponz, con indudable acierto, a Pedro Roldán.

En enero de 1676, Roldán se encuentra en Jaén empeñado en la talla de cuatro relieves en piedra con las representaciones del triunfo de San Miguel, la Asunción, la Huida a Egipto y la Disputa del Niño Jesús con los doctores, destinados a la fachada principal y puertas interiores de su catedral. No obstante, al poco tuvo que ausentarse de la capital del Santo Reino para cumplir con otros compromisos adquiridos con los cartujos de Jerez de la Frontera. Su sobrino Julián Roldán, que permaneció en Jaén para proseguir con la ejecución de aquellas labores pétreas, no fue capaz de darles fin, por lo que su tío Pedro hubo de retornar allí a finales de año para rematarlas en tiempo y forma. Este episodio no mermó la confianza que tenía puesta el cabildo catedralicio jiennense en la profesionalidad de Pedro Roldán, más bien al contrario, pues el 11 de febrero de 1677 concertaría con él la labra de las dos estatuas pétreas de San Pedro y San Pablo que habrían de colocarse en sendos nichos a los lados de la portada principal de la catedral, cumpliendo escrupulosamente con el plazo de entrega, fijada para la fiesta del príncipe de los apóstoles. Ese mismo año de 1677 esculpió el Cristo flagelado del convento hispalense de Santa Ana, de monjas carmelitas, dejando estampada su firma y fecha de ejecución, ocultas en el interior del basamento de la columna.

Aún permanece sin dorar el retablo mayor de la parroquia de Nuestra Señora de las Virtudes de Villamartín, obra póstuma del ensamblador Francisco Dionisio de Ribas, que murió en pleno proceso constructivo, en septiembre de 1679. Esta y otras vicisitudes impidieron que el dispositivo arquitectónico y sus esculturas, asimismo en blanco, se asentaran hasta 1703, años después del óbito del propio Roldán, en cuyo obrador se habían tallado. Roldán viajó hasta Córdoba a fin de contratar el 14 de diciembre de 1679 el exorno escultórico del sagrario y manifestador del altar mayor del convento de Santa Isabel de los Ángeles con su patrono Luis Gómez Bernardo Fernández de Córdoba y Figueroa, caballero de la Orden de Calatrava y señor del Encinar de Villaseca, quien terminó de abonarle los 800 ducados en que se había presupuestado su labor el 2 de junio de 1681; dos de estas esculturas, de pequeño formato, que representan un Ecce Homo y un Resucitado, se custodian ahora en el convento de clarisas hispalenses de Santa María de Jesús.

Antonio Palomino, al referirse a la Inmaculada Concepción que se custodia en la iglesia del convento de los trinitarios descalzos de Córdoba, comentó que era "cosa peregrina", salida de las gubias de Pedro Roldán, "que la hizo en oposición de la de Mena, que está en la capilla del ilustrísimo señor Don Fray Alonso Salizanes en aquella Santa Iglesia", aludiendo a la catedral cordobesa. El encargo del franciscano obispo Salizanes debió de producirse en 1679, recurriendo a los dos escultores más destacados del panorama andaluz de aquel momento: Pedro Roldán y Pedro de Mena, por entonces afincado en Málaga. Ante la visión de las dos imágenes, concluidas en 1680, el prelado se mostraría indeciso, "ya que ambas le enamoraban por su singular perfección", pero finalmente se inclinaría por la propuesta de Mena, pues a su juicio presentaba una más clara formulación iconográfica, "por parecerle que el ropaje de la de Sevilla era muy airoso, que decía más de Asunción que de Concepción". El posible riesgo de confusión entre los fieles

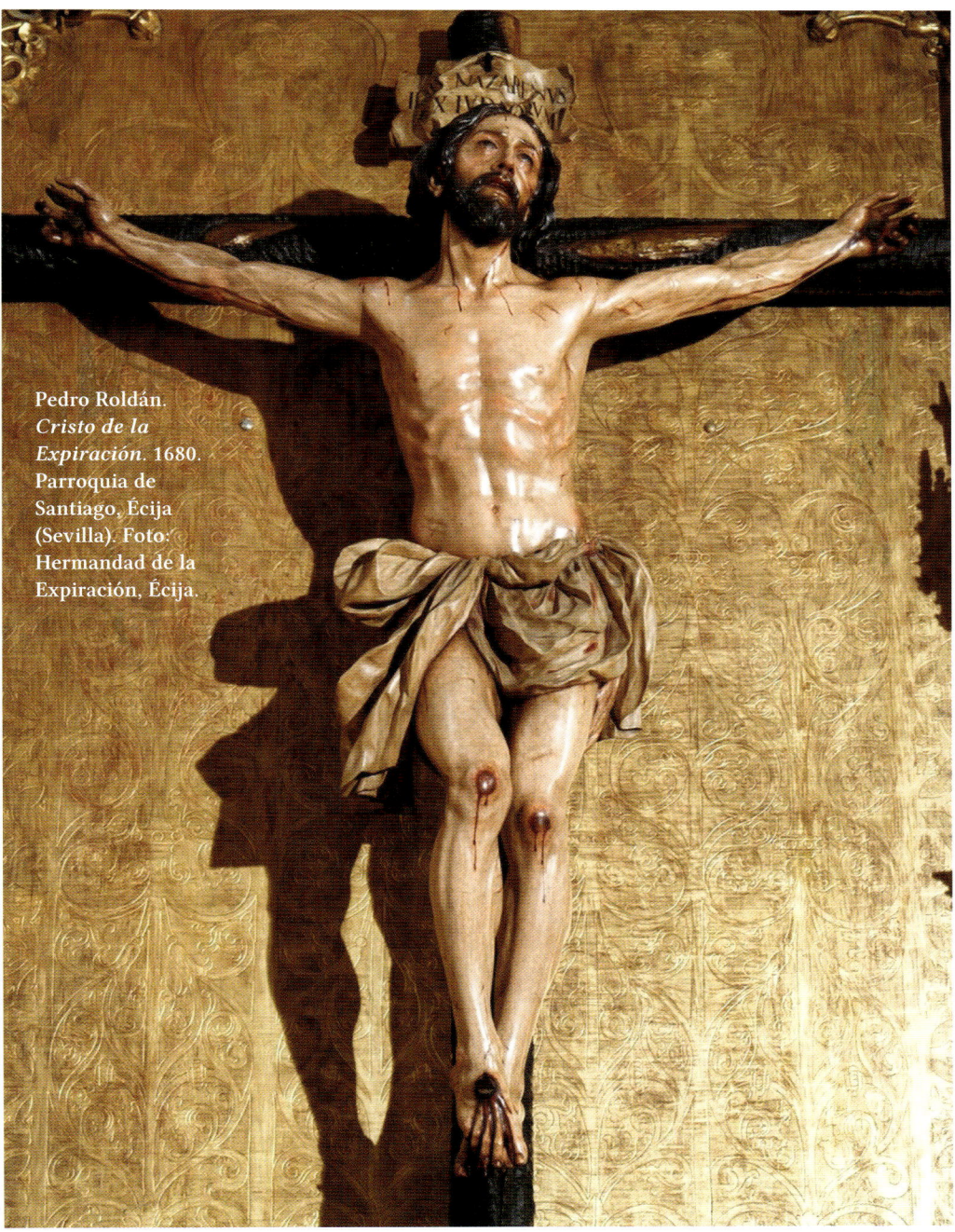

Pedro Roldán. *Cristo de la Expiración*. 1680. Parroquia de Santiago, Écija (Sevilla). Foto: Hermandad de la Expiración, Écija.

le llevó a rechazar, por consiguiente, una opción plástica más novedosa, en plena comunión con los postulados estéticos del pleno barroco. La Inmaculada de Roldán sería entonces llevada por el trinitario fray Alonso de la Madre de Dios a la iglesia conventual de Nuestra Señora de Gracia, en la capital cordobesa, de la que era sacristán. Entretanto, en marzo de 1680 se había entronizado en la parroquia de Santiago de Écija el Crucificado de la Expiración, encargado por la Congregación de las Ánimas Benditas del Purgatorio allí radicada, el cual sigue saliendo en procesión durante la Semana Santa; y para otro templo ecijano, la parroquia de San Juan Bautista, esculpió en 1681 sendas imágenes del santo Precursor y de Cristo en la cruz, conservándose ambas.

Pedro Roldán. *Visitación y Coronación de la Virgen*. 1682-1683. Iglesia del convento de Santa Isabel de los Ángeles, Córdoba. Foto: José Roda Peña.

Desde el 18 de enero de 1682 viene presidiendo la capilla mayor de la iglesia del hospital del Pozo Santo de Sevilla la imagen del Cristo de los Dolores, excelente versión de Pedro Roldán del modelo escultórico introducido en España por Domingo de Rioja en el Cristo de la Victoria de Serradilla (1635) y en el de la Venerable Orden Tercera de San Francisco de Madrid (1643). Un mes después, el 14 de febrero de 1682, la cofradía hispalense de la Soledad formalizó por vía notarial la prosecución y acabado del retablo que Bernardo Simón de Pineda estaba tallando para el testero de su capilla en el convento casa grande del Carmen, que habría de contener esculturas de varios ángeles y un Cristo amarrado a la columna, emplazado en el ático, todo ello de mano de Pedro Roldán, quien en 1697 volvería a intervenir en aquel mismo recinto –demolido durante la invasión napoleónica–, esculpiendo una pareja de ángeles lampadarios. El 21 de marzo de ese año, Luis Gómez Bernardo Fernández de Córdoba volvería a confiar en él para que realizara los relieves de la Visitación y Coronación de la Virgen, destinados a la capilla mayor del mencionado cenobio cordobés de Santa Isabel de los Ángeles; los seis meses dispuestos para su finalización se vieron ampliamente superados, ya que hasta el 30 de julio de 1683 no terminó de pagársele a Roldán, estante en Córdoba, el precio convenido. Entre las posibles causas justificantes de tal demora debiera anotarse la presencia de Roldán en Jaén en mayo de ese mismo año de 1683 para suscribir el compromiso que le llevaría a rematar el programa iconográfico de la fachada principal de su catedral, comprendiendo las estatuas pétreas de los padres de la Iglesia latina y de los evangelistas que escoltan la figura central de San Fernando, las cuales estuvieron colocadas en sus respectivos emplazamientos en abril de 1684. Las anteriores tareas escultóricas las simultanearía Roldán con la realización de la efigie del obispo San Laureano y los relieves con episodios de su biografía para el retablo que contrató Bernardo Simón de Pineda el 21 de julio de 1683 con Laureano de Segura, miembro de la cofradía de las Ánimas Benditas del Purgatorio, sita en la capilla de San Onofre del convento casa grande de San Francisco de Sevilla.

Pedro Roldán esculpió en 1685, para la cofradía trianera de Nuestra Señora de la O, la imagen de su Nazareno titular, que aún desfila por las calles de Sevilla en la tarde del Viernes Santo. Además, es posible que, en su fase final, auxiliara a su yerno Luis Antonio de los Arcos en la ejecución de las imágenes que conforman el paso de misterio de la hermandad penitencial de la Carretería, pues su nombre aparece citado en las cuentas de 1687, cuando terminó de liquidarse este trabajo. En marzo de 1689, el doctor Francisco Leonardo Guerra, canónigo de la catedral de Las Palmas de Gran Canaria, hizo entrega a la parroquia de San Juan Bautista de su villa natal de La Orotava (Tenerife) de una sobresaliente escultura de Cristo atado a la columna, que debió encargar con anterioridad a Pedro Roldán, durante sus años de estancia en Sevilla como capellán real de la seo hispalense. El 30 de abril de 1689 recibió un interesante encargo para Morón de la Frontera (Sevilla), pues se trata de uno de los pocos conjuntos de índole profana que se le documentan: una figura de la Fama, dos águilas, cuatro mascarones y un escudo, todo ello en piedra, posiblemente con destino al ornato de una fachada residencial nobiliaria de aquella villa, que no parece haberse conservado.

Con el arquitecto de retablos Cristóbal de Guadix contrató mancomunadamente en 1690 el retablo mayor del convento de clarisas de Santa María de Jesús de Sevilla, cuyos relieves y esculturas de bulto y relieves salieron de su obrador. Se le atribuyen algunas de las esculturas del retablo de Santa María de la Esperanza que concertó Bernardo Simón de Pineda en 1693 para la colegiata de San Sebastián de Antequera, destacando por su apreciable calidad la efigie de Santa Catalina. Entre febrero y abril de 1694 se comprometió a tallar una escultura de talla completa y tamaño natural de San Pedro en Cátedra para Sanlúcar de Barrameda (Cádiz), que pudimos localizar en la parroquia de Nuestra Señora de la O. También debe fecharse en 1694 la estatua pétrea de Santo Domingo de Guzmán que preside la portada del crucero en la iglesia del antiguo convento dominico de San Pablo de Sevilla, actual parroquia de Santa María Magdalena. En realidad, dicha efigie forma parte de un amplio repertorio figurativo, en piedra y en madera policromada, dispuesto durante varios años –al menos, hasta 1699– por Roldán y sus colaboradores tanto en el exterior cuanto en el interior de este monumental templo barroco, que el arquitecto Leonardo de Figueroa venía reconstruyendo desde 1691.

Pedro Roldán. *Santa Bárbara*. 1696-1699. Iglesia de Santa Bárbara, Écija (Sevilla). Foto: Junta de Andalucía. Andalucía Barroca.

Debemos lamentar la desaparición de la imagen de Nuestra Señora de los Reyes, réplica de la venerada efigie catedralicia, que Pedro Roldán debía esculpir para un modesto retablo callejero contratado por el ensamblador Pedro Sánchez el 2 de diciembre de 1695, estando al cuidado de una hermandad que la tenía por titular, en la collación de Omnium Sanctorum. Con el ensamblador Cristóbal de Guadix estuvo empeñado en dos importantes proyectos que consumieron los últimos años de su vida, esculpiendo las figuras de bulto y los relieves para los retablos mayores de la parroquia de Santa Bárbara y del convento de Santa Isabel, ambos en Écija, ajustados respectivamente el 3 de octubre de 1696 y el 16 de febrero de 1698. Los anteriores encargos corrieron parejos con otras tareas, como las dos pequeñas esculturas de San Pedro y San Fernando, sedentes, entregadas en junio de 1698 al hospital de Venerables Sacerdotes de Sevilla y que fueron policromadas por Lucas Valdés; o la que podría ser una de sus obras postreras: la imagen de Nuestra Señora de los Dolores que se entronizó en la capilla mayor de la desaparecida iglesia del Oratorio de San Felipe Neri, allá por noviembre de 1698, y que hoy se venera en el altar mayor de la iglesia hispalense de San Alberto. ❧

CATÁLOGO

Textos
José Roda Peña

San Miguel Arcángel

Pedro Roldán

1656-1657

Escultura en madera policromada

150 cm

Real e Ilustre Hermandad Sacramental de Nuestra Señora del Rosario, Ánimas Benditas del Purgatorio y Primitiva Archicofradía del Sagrado Corazón y Clavos de Jesús, Nuestro Padre Jesús de la Divina Misericordia, Santísimo Cristo de las Siete Palabras, María Santísima de los Remedios, Nuestra Señora de la Cabeza y San Juan Evangelista

Parroquia de San Vicente, Sevilla

Bibliografía: Bernales Ballesteros, 1973, pp. 64 y 98; Hernández Díaz, 1977, p. 121; Quesada, 1977, s. p.; Dabrio González, 1985, pp. 133-134; Roda Peña, 1996, p. 194; Falcón Márquez, 1999, p. 24; Jiménez Sampedro, 1999, p. 83; Roda Peña, 2007a, pp. 172-173; Dávila-Armero del Arenal y Pérez Morales, 2008, pp. 40-43; Roda Peña, 2012a, pp. 283-284; Jiménez Sampedro, 2012, pp. 63-64.

La figura del arcángel San Miguel gozó, durante la Edad Moderna, de una popularidad especial entre las hermandades de las ánimas benditas del purgatorio, convirtiéndose en uno de los principales intercesores de sus cofrades para impetrar la salvación eterna. Como príncipe de los ejércitos celestiales, combate permanentemente a Satanás, impidiendo que sus acechanzas pudieran alterar el pesaje de las almas que él mismo verifica durante el Juicio Final, en su condición de *psichopompos*. No puede extrañarnos, por consiguiente, que su imagen comparezca con suma frecuencia en los retablos pictóricos o escultóricos que las mencionadas cofradías de ánimas mandaron construir en los templos parroquiales donde se hallaban erigidas canónicamente.

La cofradía de las ánimas benditas establecida en la parroquia sevillana de San Vicente Mártir –cuya primitiva regla había sido aprobada por la autoridad eclesiástica en 1564–, reunida en cabildo de oficiales el 6 de septiembre de 1656, acordó encomendar a Pedro Roldán la realización de una talla del arcángel San Miguel, quien la esculpió en madera de fresno, ahuecándola interiormente. El último pago, por una suma de 450 reales, se le abonó el 1 de abril de 1657, cuando la recién acabada efigie se entronizó en el altar propio de la hermandad. Estimo que en la ejecutoria de dicho encargo debió de influir decisivamente el mayordomo de la citada corporación, el maestro pintor y dorador Gaspar de Ribas (1611-1658), hermano de los escultores y entalladores Felipe (1609-1648) y Francisco Dionisio de Ribas (1616-1679). Podríamos especular, sin demasiado riesgo de equivocarnos, con que existiera entre Gaspar de Ribas y Pedro Roldán una relación previa de amistad o de colaboración laboral que propiciara la comisión del San Miguel, e incluso podría plantearse la posibilidad –que no cuenta, ciertamente, con aval documental–, de que Gaspar hubiese corrido con el trabajo de policromar la imagen.

Lo cierto es que el 2 de septiembre de 1657, esta cofradía de ánimas de San Vicente decidió confiar a su mayordomo Gaspar de Ribas la construcción y el dorado del retablo que habría de cobijar la escultura del arcángel, labor que estaba concluida a comienzos de 1658. Sin embargo, cuando Gaspar redactó su testamento el 24 de noviembre de 1658 –pocos días antes de morir, el 2 de diciembre–, confesaba que aún se le estaban debiendo unos 500 ducados de la referida obra, que había hecho a su costa "de madera, oro y estofado". No ha llegado hasta nosotros tal ensambladura, situada en la nave de la epístola, pues en el último tercio del siglo XVIII fue sustituida por otra, que también fue retirada en la última restauración del templo parroquial.

La talla de San Miguel, que desde 1966 es custodiada por la Hermandad de las Siete Palabras –que se fusionó ese año con la Sacramental de la parroquia, y esta a su vez lo había hecho en 1766 con la de ánimas benditas–, pasa por ser una de las más hermosas representaciones plásticas de este arcángel en la ciudad de la Giralda. Vestido a la usanza militar y cubierta su cabeza con un casco empena-

chado, empuña en la mano derecha una argéntea espada flameante y en la izquierda sostiene una balanza, mientras somete bajo sus pies a un encogido y horrorizado Satanás. Por detrás de la coraza y el faldellín se agita un manto que se recoge sobre el brazo izquierdo. Su rostro, juvenil y sonriente, queda enmarcado por una cabellera corta de compactos mechones ondulantes. La encarnadura y la resplandeciente policromía con estofados en plata de su indumentaria no son los originales, como tampoco lo son las alas, sino producto de varias intervenciones posteriores, ya del siglo XX, como lo demuestra el análisis de los pigmentos pictóricos verificado en el año 2000 por los técnicos del Instituto Andaluz del Patrimonio Histórico que participaron en la restauración de la efigie.❧

Jesús ante Caifás, Exaltación de la Cruz y Santo Entierro

Pedro Roldán

1659

Relieves en madera policromada

24 x 31 cm

Pontificia y Real Hermandad y Archicofradía de Nazarenos del Dulce Nombre de Jesús, Sagrado Descendimiento de Nuestro Señor Jesucristo y Quinta Angustia de María Santísima Nuestra Señora

Casa de Hermandad de la Quinta Angustia, Sevilla

Bibliografía: Sancho Corbacho, 1950, pp. 30-31 y 53-54; Bernales Ballesteros, 1973, p. 65; Bernales Ballesteros, 1984, E. 10, s. p.; Falcón Márquez, 1999, pp. 26-27; García Rosell, 2007, pp. 170-171; Dávila-Armero del Arenal y Pérez Morales, 2008, pp. 50-57; Dávila-Armero del Arenal, 2010, pp. 61-63; Roda Peña, 2012a, pp. 257-258; Roda Peña, 2016b, pp. 31-32; García Luque, 2023, pp. 78-79.

Es muy probable que el paso realizado mancomunadamente por el maestro ensamblador Francisco Ramírez y Pedro Roldán para el misterio del Descendimiento de la cofradía sevillana de la Quinta Angustia sorprendiera en su tiempo, tanto por sus dimensiones fuera de lo habitual hasta entonces –dos varas y media de ancho por cinco varas y media de largo, equivalentes a 2,08 x 4,59 m–, como en virtud de su rico programa decorativo, que se componía de once cartelas con relieves de temática pasionista, acompañada cada una de ellas por su correspondiente pareja de angelitos desnudos, a los que se sumaban otros once "serafines" por encima de la crestería y seis ángeles mancebos vestidos, cuatro de los cuales portaban rótulos e insignias de la Pasión.

El contrato con esta hermandad, que por entonces se hallaba establecida en la iglesia del convento casa grande del Carmen, se escrituró el 22 de abril de 1659, acordándose un precio de 500 ducados y un plazo de ocho meses para su finalización. Se emplearon tres tipos de madera: pino de flandes para la parihuela, borne para la escocia del canasto –que iría calado y tallado–, y cedro para las tarjas y esculturas. En dicho concierto, Francisco Ramírez se presentaba como vecino de San Lorenzo y Roldán como feligrés de la Magdalena, actuando en nombre de la "Sagrada Cofradía de Nuestra Señora de las Angustias" su mayordomo Luis Rivero y los cofrades Francisco Faustino y Jerónimo de Perea.

El 17 de septiembre de ese año, Pedro Roldán y Francisco Ramírez acudieron ante el escribano público Tomás Carrasco con el fin de aclarar la misión de cada cual en la ejecución del paso, así como la suma que cada uno de ellos percibiría por su labor: Ramírez por la talla y ensamblaje 200 ducados, y Roldán por los relieves y las esculturas de bulto redondo, los 300 restantes. El primero declara haber recibido a cuenta 1.617 reales, mientras que a Pedro Roldán se le habían entregado ya 2.200 reales. Poco después, el 16 de octubre de 1659, otorgaron carta de pago por otros 1.984 reales y 22 maravedíes, con los que sobrepasaron, a seis meses de haberse firmado el contrato, la suma entonces estipulada de 500 ducados, siendo en consecuencia muy probable que ya estuviera terminada la realización de estas andas procesionales.

Tras ser sometidos a una restauración parcial, en la que se recuperó parte de su primitiva policromía, se conservan en la casa de hermandad de la Quinta Angustia tres relieves de formato oval que debieron de pertenecer a este conjunto: Jesús ante

Caifás, la Exaltación de la Cruz y el Santo Entierro, pudiendo considerarse los más antiguos de su género conservados en Sevilla. En la primera cartela, por orden cronológico de la Pasión, un Cristo de alongadas proporciones, vestido con una túnica de color azulado y con las manos atadas a la espalda, comparece conducido por una tropa de soldados ante el tribunal del sumo sacerdote Caifás, quien, sedente en su escaño elevado sobre un doble escalón y tocada su cabeza con una mitra, lo mira desafiante al tiempo que se rasga su túnica con ambas manos. En la segunda de las tarjas, un sayón provisto de una soga inicia el proceso de izar la cruz en la que ya figura clavado Jesús, mientras otros dos ayudan con sus manos a elevar el travesaño corto del patíbulo y un cuarto acaba de retirar de su cabeza la corona de espinas. En la tercera escena, los santos varones, San Juan Evangelista, la Virgen y la Magdalena forman un arco de círculo en torno al cadáver de Cristo que están a punto de depositar en un sepulcro dispuesto en perspectiva, observándose ya en un segundo término la presencia de María Salomé y la de Cleofás. Es probable que Roldán, como procedió en otros casos similares, se sirviera de algunas estampas, en este caso flamencas, para incorporar algún que otro elemento o idea compositiva a estos relieves, sin mermar en absoluto su propia creatividad. ✒

Ángeles pasionarios

Pedro Roldán

1659

Esculturas en madera policromada

85 cm

Pontificia y Real Hermandad y Archicofradía de Nazarenos del Dulce Nombre de Jesús, Sagrado Descendimiento de Nuestro Señor Jesucristo y Quinta Angustia de María Santísima Nuestra Señora

Capilla del Dulce Nombre de Jesús, Real Parroquia de Santa María Magdalena, Sevilla

Bibliografía: Bernales Ballesteros, 1984, E. 11, s. p.; Dávila-Armero del Arenal y Pérez Morales, 2008, pp. 54-55; Dávila-Armero del Arenal, 2010, p. 63; Roda Peña, 2012a, p. 258; Roda Peña, 2016b, p. 32.

La capilla del Dulce Nombre de Jesús –en realidad, está formada por la unión de tres capillas funerarias cubiertas por otras tantas bóvedas mudéjares del siglo XIV– colinda con la Real parroquia de Santa María Magdalena de Sevilla –antigua iglesia del convento dominico de San Pablo–, situándose a los pies de su nave de la epístola. Desde 1587 es la sede canónica de la Hermandad del Dulce Nombre de Jesús, que se fusionó en 1851 con la cofradía penitencial de la Quinta Angustia.

En la mencionada capilla se exponen sobre sendas repisas dos elegantes ángeles, que en su momento formaron parte del programa escultórico ornamental del paso del Sagrado Descendimiento, cuyo contrato de ejecución fue rubricado el 22 de abril de 1659 con el ensamblador Francisco Ramírez y el escultor Pedro Roldán. A ellos parece aludir la mencionada escritura contractual, cuando hace referencia a "otros dos ángeles de a bara con sus urnetas rebestidas de talla,... y an de ser bestidos".

Esta pareja de ángeles prolongó su presencia en las andas neoclásicas de este mismo misterio –talladas en caoba por Juan José Villarrica Hurtado de Mendoza, con sobrepuestos de plata, cuyo estreno se produjo el Jueves Santo de 1807–, como se observa en la anónima aguada que reprodujo el cortejo del Santo Entierro Grande de 1854, donde figuran en las dos esquinas delanteras del canasto del Descendimiento. Entre 1917 y 1921 fueron cedidos a la Hermandad del Calvario para

escoltar a su Crucificado durante la Madrugada del Viernes Santo. Durante varios años, en las últimas décadas, han podido contemplarse también en los laterales del paso del Dulce Nombre de Jesús, en la procesión eucarística de la Magdalena.

Pedro Roldán nos ofrece dos afortunadas y tempranas creaciones de este género de ángeles pasionarios, que gozaron de tanto éxito en los pasos procesionales barrocos de nuestra ciudad, prorrogando su fortuna hasta el momento presente. Erguidos y de apariencia juvenil, ofrecen un gentil movimiento, al adelantar una de las piernas respecto a su contraria, con los pies descalzos y dispuestos casi en ángulo recto. A este sentido dinámico contribuyen la apertura y vuelo que muestran los bajos de la túnica y tunicela que visten, así como el contundente giro de sus respectivas cabezas, que se alzan para elevar sus miradas de ojos vítreos, acompañadas por el gesto contrito de sus cejas fruncidas y labios entreabiertos. Los cabellos, tallados con amplios golpes de gubia en mechones compactos, se encrespan y remueven en masas sinuosas. Ambos han perdido los atributos de la Pasión que debieron de poseer en origen; en este sentido, los brazos, con las manos ahora vacías, se disponen extendidos hacia ambos lados, en ligera diagonal. Tampoco conservan su policromía original, al menos en lo que se refiere a sus indumentarias, pues la que presentan en la actualidad nos parece producto de una intervención decimonónica. A finales del siglo XX fueron restaurados por José Rodríguez Rivero-Carrera y con motivo de la presente exposición han sido intervenidos por Manuel Antonio Ruiz-Berdejo Cansino.

San Miguel y San Gabriel

Pedro Roldán

1663-1664

Esculturas en madera policromada

155 cm

Real Parroquia de Santa María Magdalena, Sevilla

Bibliografía: López Martínez, 1928b, p. 119; Muro Orejón, 1932, pp. 40-41; Cuéllar Contreras, 1983a, pp. 5-6; Cuéllar Contreras, 1983b, p. 3; Illán y Valdivieso, 2005, p. 133; Torrejón Díaz, 2007, pp. 160-161; Dávila-Armero del Arenal y Pérez Morales, 2008, pp. 88-95; Roda Peña, 2012a, pp. 155 y 286-287; Roda Peña, 2016a, pp. 175-177; García Luque, 2023, p. 118.

Uno de los trabajos más tempranos de Pedro Roldán destinados a una hermandad sevillana de gloria lo encontramos en la cofradía del Rosario establecida en la iglesia del extinto convento dominico de San Pablo el Real, actual parroquia de Santa María Magdalena. El 10 de septiembre de 1663 se estipuló que correría de su cuenta el programa escultórico del retablo contratado por el ensamblador Pedro Camacho de la Vega con el capitán Miguel de Benavides, alcalde más antiguo de la mencionada corporación rosariana. Quedó entonces pactado un precio de 22.000 reales por la obra de ensambladura y escultura, excluyéndose del concierto tanto la imagen titular de candelero para vestir de la Virgen del Rosario, como la de pasta de un Santo Cristo Crucificado, a las que ya venía tributando culto la hermandad.

Restan de aquella labor, que estuvo concluida para finales de agosto de 1664, los dos espléndidos arcángeles San Miguel y San Gabriel, de porte elegante, actitudes dinámicas y tamaño ligeramente inferior al natural, que ahora figuran en las calles laterales del retablo neoclásico que preside el testero de la capilla sacramental –antigua del Rosario– de la parroquia de la Magdalena, luciendo por fortuna su vistosa policromía original, aplicada por los maestros doradores y estofadores Diego Díaz –uno de los asistentes a la academia de pintura de la Casa Lonja– y Juan de Paredes.

La escritura de concierto con estos últimos, por una suma de 26.000 reales de vellón, se otorgó el 19 de septiembre de 1664, finiquitándoseles el importe de su tarea el 26 de junio de 1665. En el referido protocolo se expresaba que tenían que "encarnar todas las figuras que lleva el dicho retablo y piden encarnación, de

las cuales, aunque no están todas puestas en el dicho retablo, tenemos bastante noticia de las que son, así las de cuerpo entero, querubines, medio cuerpo, quier sean de relieve entero, quier de media talla... y los ángeles grandes los hemos de encarnar y estofar también... dentro de la dicha capilla, sin que podamos, que no habemos de poder, sacar ninguna dellas para llevarlas a nuestras casas ni a otra ninguna parte".

La de San Gabriel, captada en actitud de avance y con la cabeza girada hacia la diestra, es una de las imágenes más gallardas y delicadas de cuantas esculpiera Roldán en el campo de la iconografía angélica. Por su parte, formando *pendant* con la anterior en adecuada correspondencia compositiva y rítmica, la de San Miguel presenta un tipo físico similar al que observamos en la escultura de la misma temática –pero en este caso abatiendo al diablo– conservada en la capilla de San Sebastián de Los Palacios y Villafranca –sede de la Hermandad de la Vera Cruz–, que pensamos se le puede atribuir con fundamento. Dignos de destacarse, por su belleza y originalidad de diseño, son la diadema en madera dorada y ornada con una cabeza de querube que ciñe los cabellos de San Gabriel, así como el casco empenachado de plumas que luce sobre su testa el príncipe de las milicias celestes. Los dos arcángeles del sagrario de la Magdalena han perdido los atributos que inicialmente portarían en sus manos, colocándoseles en la actualidad sendos faroles de plata, propiedad de la Hermandad Sacramental de la Magdalena, cuando escoltan su majestuosa custodia de asiento en el Monumento eucarístico del Jueves Santo.

Según figura en un inventario de esta misma Hermandad de Nuestra Señora del Rosario de San Pablo, redactado en 1672, un devoto costeó la ejecución de un Niño Jesús con los muslos de goznes, "de mano de Pedro Roldán con su vestido encarnado, menos el braguero"; se trataba, pues, de una escultura con las piernas articuladas, probablemente para facilitar su actitud sedente sobre la mano de la Virgen del Rosario. ❧

Ángeles

Pedro Roldán

1666

Esculturas en madera policromada

80 cm

Real e Ilustre Hermandad y Cofradía de Nazarenos de la Sagrada Columna y Azotes de Nuestro Señor Jesucristo y María Santísima de la Victoria

Capilla de la Fábrica de Tabacos, Sevilla

Bibliografía: Cuéllar Contreras, 1976, pp. 13-14; Roda Peña, 1997a, pp. 57-58; López Bernal, 2009, pp. 23-25; Roda Peña, 2012a, pp. 263-264; Roda Peña, 2016b, pp. 33-34 y 146.

Hay que lamentar la pérdida en la Semana Santa de Sevilla de una icono-grafía tan sugestiva como la del Santo Cristo de la Púrpura, cotitular de la Hermandad de la Sagrada Columna y Azotes (Las Cigarreras). Aquella imagen de Jesucristo –que se ha venido a rememorar plásticamente en la nueva talla esculpida por José Antonio Navarro Arteaga en 2016– se representaba "en el acto de cojer la túnica para cubrirse, después de los azotes, mostrándose a su lado la columna", estacionando en segundo lugar tras el misterio de la Flagelación; durante el siglo XIX, el Cristo de la Púrpura solo procesionó en 1807 y 1874, último año este en que desfiló por las calles de la ciudad. Pues bien, el paso de esta efigie fue concertado el 3 de julio de 1664, de manera conjunta, por el escultor y dorador Pedro de Borja Machado y el ensamblador Pedro Camacho de la Vega, que en el citado documento contractual figuraba como "maestro arquitecto". Ambos se obligaban a materializar el dibujo que se les entregó, firmado por cuatro hermanos de esta corporación –entre ellos, su mayordomo Juan de Luna–, que por entonces tenía su sede en la parroquia de San Pedro. En la escritura se hace referencia a las doce "historias de medio relieve" que debían exornar el canasto, a la obligación de terminar el trabajo para la primera semana de cuaresma del año siguiente, y al pago de 9.000 reales, además de recibir como parte del trato el paso antiguo de este Cristo de la Púrpura.

Pero Pedro de Borja no pudo concluir la ejecución del paso, al parecer "por algunos accidentes que ha habido"; en consecuencia, y con el consentimiento de la cofradía afectada, él mismo firmó el 21 de febrero de 1666 un nuevo contrato con Pedro Roldán para que este, en el plazo de dos meses escasos, culminara los trabajos. Estos se reducían a la hechura de ocho ángeles, cuatro cabezas de querubines para otras tantas tarjas, así como cuatro relieves para las cartelas principales, todo ello por 3.500 reales, en los que estaban incluidos los 2.000 que aún faltaban por pagarle a Borja. Hubieron de transcurrir nada menos que treinta años para que la Hermandad de la Columna y Azotes, ya establecida en el convento de los Terceros, diera poder a su mayordomo Matías de Robles, con el fin de que este contratara el dorado de la urna en 3.000 reales. Y así lo hizo el 15 de noviembre de 1696 ante el escribano Sebastián de Santa María, concertando dicha labor con Francisco de la Vega, maestro dorador vecino de la collación de San Miguel, actuando como fiador

el batihoja Juan Verdugo. Además del dorado del canasto, Vega se comprometió a encarnar y estofar "los quatro ángeles pequeños de arriva", así como a retocar "los quatro maiores de avaxo". Aunque la terminación se acordó para el "sávado de ramos" de 1697, recibiendo una primera entrega a cuenta de 750 reales, la escritura no quedó cancelada hasta el 24 de marzo de 1698, fecha en la que podemos dar por finalizado el largo proceso constructivo de estas andas procesionales.

Se conservan cuatro de aquellos ángeles mancebos tallados por Pedro Roldán, quien los concibió sedentes sobre nubes, adelantando una de las piernas y replegando la contraria. Visten corazas y faldellines con lengüetas, además de calzar elegantes borceguíes. Desde finales del siglo XIX lucen cintas entre sus

manos, pero desconocemos si pudieron portar en origen otro tipo de atributos o elementos de iluminación. Consta que estos ángeles también se emplearon para exornar las esquinas del antiguo paso de misterio de la Flagelación, contratado el 3 de diciembre de 1895 con el taller de Enrique González. A tal fin, fueron restaurados por el escultor Emilio Pizarro y Cruz, a quien en nuestra opinión se debe su actual revestimiento polícromo. Este paso se vendió en 1975 a la Hermandad de los Dolores de Sanlúcar de Barrameda, pero por fortuna los ángeles de Roldán no se enajenaron y la cofradía sevillana los ha seguido utilizando en diversos altares efímeros para sus cultos internos, habiendo sido restaurados en 2009 por Enrique Gutiérrez Carrasquilla.❧

• *San José*

Pedro Roldán

Hacia 1668

Escultura en madera policromada

126 cm

Primitiva Archicofradía Pontificia y Real Hermandad de Nazarenos de la Sagrada Entrada en Jerusalén, Santísimo Cristo del Amor, Nuestra Señora del Socorro y Santiago Apóstol

Casa de Hermandad del Amor, Iglesia Colegial del Divino Salvador, Sevilla

Bibliografía: Roda Peña, 2000, pp. 193-207; Gómez Piñol, 2000, pp. 421-422; Dávila-Armero del Arenal y Pérez Morales, 2008, pp. 346-347; Roda Peña, 2012a, pp. 290-291; Pleguezuelo Hernández, 2017, p. 382; Recio Mir, 2018, p. 207.

F ue un 13 de enero de 1668 cuando José Navarro, canónigo de la iglesia colegial del Salvador de Sevilla, vio cumplido su deseo de entronizar en aquel templo una imagen de la Virgen del Rosario, de propiedad familiar, situándola en la capilla del obispo de Tiberia, que él mismo se comprometió a proveer de lámpara, frontales y manteles. A los seis meses, el 22 de junio, dio cuenta de que los devotos del Rosario deseaban erigir un retablo en aquel recinto, a lo que naturalmente sus compañeros capitulares accedieron con el mayor entusiasmo. Dos años más tarde, en 1670, ya se hallaba formalmente constituida una Congregación de Cristo Crucificado y Nuestra Señora del Rosario, de la que fue su primer hermano mayor el doctor don Francisco Antonio Treviño. A partir de 1690, y al calor de los rosarios públicos que inauguró la Hermandad de Nuestra Señora de la Alegría, de la parroquia de San Bartolomé, esta corporación llegó a organizar dos procesiones diarias, una a "prima noche" y la segunda de madrugada.

Un inventario de la colegiata, redactado en 1701, señala que en aquel retablo la Virgen del Rosario quedaba flanqueada por sendas esculturas de San José y San Francisco –los patronos onomásticos de los dos congregantes y benefactores aludidos–, "que ambas hechuras son de mano de Pedro Roldán", provistas de diademas de plata y fechables, a nuestro juicio, hacia 1668. En su momento pudimos averiguar que el 12 de agosto de 1894, el licenciado José Palacios, cura de la parroquia del Divino Salvador, no encontraba inconveniente en ceder a otra iglesia la imagen de San Francisco de Asís que se hallaba en la sacristía del Rosario, aunque desgraciadamente no se indica su destino concreto. En cambio, sí permaneció en el templo colegial la talla de San José, colocada durante décadas, primero en una de las calles laterales y después en la hornacina con que se remata el retablo donde desde 1922 reciben culto las imágenes titulares de la Hermandad del Cristo del Amor, situado en la cabecera de la nave de la epístola. Como se sabe, dicho altar, fechable en torno a 1779 y atribuido a Francisco de Acosta "el Mayor", procede de la desacralizada parroquia de Santa Lucía, donde funcionó como retablo mayor, instalándose en el Salvador en 1870. Ya en 2007, la imagen de San José se trasladó a las dependencias que la cofradía del Amor posee en la iglesia colegial, disponiéndose una reproducción de la misma, en escayola policromada realizada por José Rodríguez Rivero-Carrera, en el coronamiento del mencionado retablo.

Resulta palmaria la calidad técnica y expresiva de esta escultura, suponiendo una nueva interpretación del modelo iconográfico plasmado con anterioridad por Pedro Roldán en el San José de la catedral hispalense, reforzándose en este del Salvador la actitud itinerante del patriarca bendito, la movilidad impresa a los pliegues de su manto, la tierna y emocionada solicitud de su rostro y la blandura que sugiere el modelado de sus manos, cuyos dedos, de manera francamente naturalista, se hun-

den en el pañal sobre el que acuna al riente Niño Jesús, cuyo talante anímico anticipa la alegre efusividad con la que Luisa Roldán, "La Roldana", tratará este mismo asunto.

Lucen los paños que envuelven la figura de San José un revestimiento pictórico verdaderamente suntuoso, tanto por su variedad cromática –túnica de color gris azulado y manto pardo claro con las vueltas de un verde intenso–, como por la cuajada decoración esgrafiada y a punta de pincel que recrea una atractiva diversidad de motivos florales –rojos y azules, perfilados en blanco–, dorados cogollos y curvilíneos tallos vegetales de dispar grosor y textura, donde se insertan hojas y brotes, en cuya labor de estofado puede apreciarse un abundante uso del picado de lustre.

San Ignacio de Loyola

Pedro Roldán

1672-1673

Escultura en madera policromada

155 cm

Real e Ilustre Hermandad del Santísimo Sacramento, Nuestra Señora María Santísima de la Alegría, Ánimas Benditas y San Manuel González

Parroquia de San Bartolomé, Sevilla

Bibliografía: López Martínez, 1928a, p. 148; Salazar y Bermúdez, 1949, p. 329; Cuéllar Contreras, 1981, p. 7; Ferrer Garrofé, 1982, pp. 40-41; Roda Peña, 1996, p. 122; Falcón Márquez, 1999, pp. 32-33; Ros González, 2002, pp. 155 y 160; Romero Torres, 2006, p. 50; Dávila-Armero del Arenal y Pérez Morales, 2008, pp. 164-167; Roda Peña, 2012a, pp. 291-292; Roda Peña, 2023, p. 25; Hermoso Romero, 2023, p. 118.

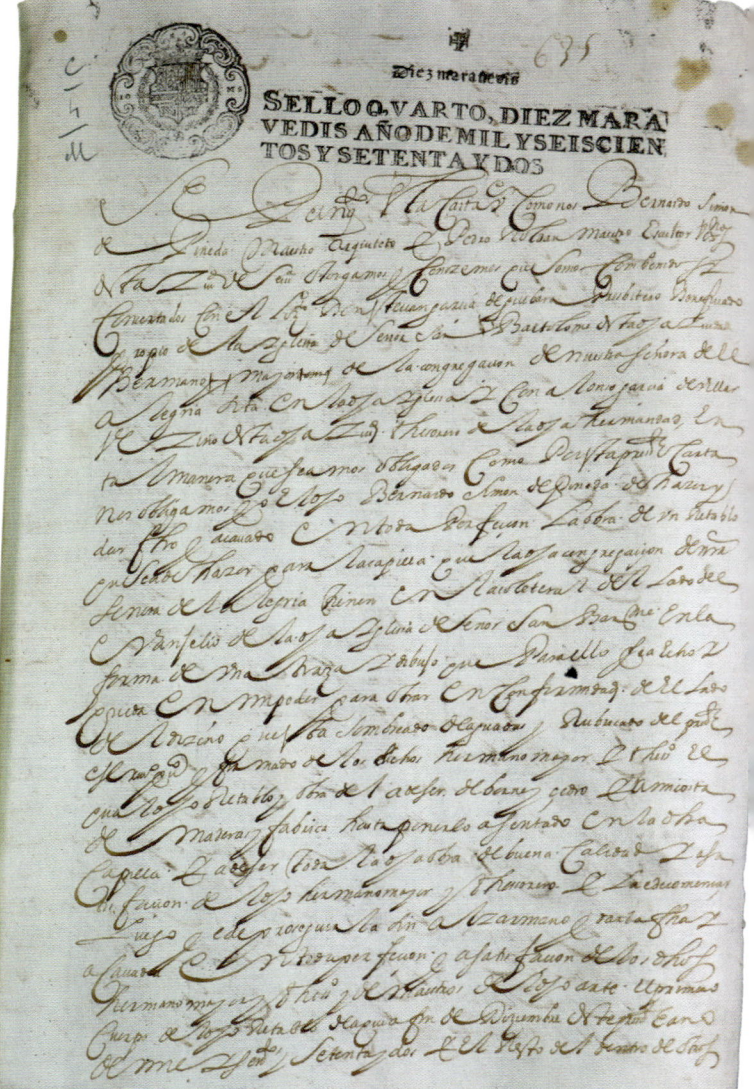

El licenciado Esteban García de Guevara, hermano mayor de la recién fundada congregación de Nuestra Señora de la Alegría y beneficiado de la parroquia sevillana de San Bartolomé, sede canónica de dicha corporación letífica, en unión de su tesorero Alonso García del Villar, contrataron con el ensamblador de origen antequerano Bernardo Simón de Pineda, por una suma de 16.000 reales de vellón, la construcción de un retablo de madera de borne y cedro para presidir la capilla de dicha hermandad, que entonces como hoy permanece situada en la cabecera de la nave del evangelio de esta iglesia del antiguo barrio de la Judería. En aquel mismo documento contractual se concertó con Pedro Roldán la ejecución de su programa escultórico, consistente en las tallas de San Fernando y San Ignacio de Loyola que escoltarían lateralmente a la imagen mariana titular, atribuida al escultor flamenco Roque de Balduque (†1561), más el relieve del coronamiento, donde habría de plasmar a San Juan evangelista escribiendo el Apocalipsis; para acometer dicha tarea, se le entregarían la madera necesaria y 4.200 reales "por la costa mía y de oficiales". El finiquito por la conclusión de este retablo lo firmó Bernardo Simón de Pineda el 22 de diciembre de 1673.

De todo ello solo se ha conservado la efigie de San Ignacio de Loyola, colocada desde 1800 en la capilla sacramental del mencionado templo parroquial de San Bartolomé, en cuyo retablo de madera en su color, ensamblado por Luis Ortiz de

Vargas entre 1641 y 1643, aún permanece. Respecto al San Fernando, consta que la Hermandad de la Alegría lo vendió en 1807 por 80 reales "para Castilleja", sin que haya podido descubrirse su actual paradero.

Beatificado en 1609 y canonizado en 1622, Pedro Roldán talló al fundador de la Compañía de Jesús (1491-1556) de "siete quartas poco más o menos de alto", vistiendo sotana y manteo que se enriquecen con una espléndida labor de estofado. Desconocemos, por cierto, el nombre del autor de esta policromía, la cual ofrece a nivel de estilo y diseño una apreciable similitud con los motivos ornamentales que lucen, también en oro sobre fondo negro, la Virgen de la Antigua y Siete Dolores de la parroquia sevillana de Santa María Magdalena y el San Ignacio del Museo Nacional de Escultura de Valladolid, ambas obras atribuidas a Roldán.

El San Ignacio de la Hermandad de la Alegría se nos presenta erguido, empuñando un ostensorio eucarístico en la diestra y el libro de las Constituciones, cerrado, en la mano izquierda. Pedro Roldán se atiene al tipo físico difundido desde los primeros retratos del fundador de los jesuitas, que parten del conocimiento de su mascarilla mortuoria, añadiéndole una expresión extática y empleando su característica técnica abocetada para definir su amplia calva y barba corta, y tallando los ojos sobre la propia madera.

Inmaculada Concepción

Juan Laureano de Pina, según modelo de Pedro Roldán

1683-1685

Escultura en plata

47 cm

Real, Fervorosa y Antigua Hermandad y Cofradía del Santísimo Sacramento, Pura y Limpia Concepción de la Virgen María, y Ánimas Benditas del Purgatorio

Real Parroquia de Santa María Magdalena, Sevilla

Bibliografía: Quiles García, 1991, p. 53; Roda Peña, 2012a, pp. 278-280; Roda Peña, 2021a, pp. 28-30; Roda Peña, 2021b, pp. 86-91; Santos Márquez, 2021, p. 56.

En el contrato que la hermandad sacramental de la Real parroquia de Santa María Magdalena de Sevilla suscribió el 15 de junio de 1683 con el platero jerezano Juan Laureano de Pina (1642-1723) para que este continuara con la fábrica de su argéntea custodia procesional de torre, culminando así el proyecto que habían iniciado en 1678 los orfebres Diego de León y Cristóbal Sánchez de la Rosa, se advierte que "los modelos de la escultura que llebare an de ser de mi quenta, hechos de mano de Roldán o de Francisco Gijón, maestros de escultura".

Con respecto a la Inmaculada de plata que figura en el primer cuerpo de esta formidable custodia barroca, responde con claridad a un prototipo roldanesco, pudiéndose señalar su indudable afinidad estilística y morfológica con la Purísima del convento de los trinitarios descalzos de Córdoba, esculpida por Roldán en 1679-1680. Documentalmente hemos podido probar que aquella figura mariana ya estaba labrada por Juan Laureano de Pina en abril de 1685, cuando el mayordomo de la hermandad sacramental, Andrés Martínez de Castro, señalaba en su ajuste de cuentas que "réstame debiendo la dicha cofradía de lo que e suplido para la qustodia, sin el balor de la ymajen de plata y la figura de la fe de madera, hasta 29 de abril del año de 1685, 1.435 reales y quatro reales de plata".

La imagen de la Inmaculada tuvo un coste global de 4.708 reales, donde además del material y la hechura, quedaba incluido el importe del "modelo de madera con que se bació", que estimo fuese tallado por Pedro Roldán. El dinamismo que en su composición imponen los pliegues de su manto se refuerza con la vivaz disposición y ritmo ascendente de los cinco angelitos de cuerpo entero que se disponen en la base de su peana. Sobre la cabeza luce una corona de imperiales sin ráfaga, en plata sobredorada, descansando sus plantas sobre una media luna con las puntas hacia abajo. Como es bien sabido, la presencia de una Inmaculada apocalíptica en el programa iconográfico de estas torres eucarísticas sevillanas, se convirtió en un motivo recurrente, a

raíz de la incorporación en la custodia catedralicia de Juan de Arfe de una efigie de bulto de estas características, labrada por el platero Juan de Segura en 1667-1668.

Juan Laureano de Pina pudo llevar a feliz término la conclusión de esta custodia de asiento en 1692, enalteciéndose su estreno con una octava de fiestas que comenzaron el 12 de septiembre de dicho año, celebrándose en la tarde del domingo 14 una fastuosa procesión en la que participaron un gran número de concurrentes –entre carráncanos, cofrades, clero parroquial, comunidad dominica de San Pablo y varias decenas de clérigos–, la tarasca, los gigantes, las danzas de sarao y de cascabel, la capilla de música de la catedral y nada menos que ocho pasos, portando las imágenes de Santa María Magdalena, Santo Tomás de Aquino, Santa Ana, San Joaquín, San José, la Inmaculada Concepción, el Niño Jesús y, naturalmente, la custodia, con la que se cerraba el cortejo.❧

Pagos a Pedro Roldán, Miguel Franco y Miguel de Parrilla por la imagen de Nuestro Padre Jesús Nazareno y su paso procesional

1686

Tinta sobre papel

35,5 x 24,5 x 3 cm

Pontificia, Real e Ilustre Archicofradía del Santísimo Sacramento, Nuestro Padre Jesús Nazareno y María Santísima de la O

Archivo Histórico de la Hermandad de la O, Libro de Cuentas 1685-1707, s. f.

Parroquia de Nuestra Señora de la O, Sevilla

Bibliografía: Bermejo y Carballo, 1882, p. 530; Hernández Díaz, 1936, pp. 5-6; Hernández Díaz y Sancho Corbacho, 1936, p. 141; Bernales Ballesteros, 1973, p. 126; García de la Concha Delgado, 1997, pp. 421 y 429; Falcón Márquez, 1999, pp. 50-51; Martínez Lara, 2007, pp. 231-236; Dávila-Armero del Arenal y Pérez Morales, 2008, pp. 272-277; Roda Peña, 2012a, pp. 272-273; Roda Peña, 2012b, pp. 245-248; García Baeza, 2016, pp. 62-63.

| | | 1 | 4 | 63 ½ |

th— Dos mill nº Benta. y sinco Rs. y medio q. diò
de 585. Libras de sera a 5 Rs. y ½ la libra se
mp. parese de diferentes cartas de pago de
Luis Antonio de Cañadas ———————————— 2 095 ½

th— Siento y ocho Rs. q. diò por Beynte y siete
libras. de sera. diòselas a quatro Rs. el libº
Pero del Sr. Arsobispo. no la he menester ——— 0 1 08

th— Setenta y dos Rs. que diò por 18 l. de sera
a 4 Rs. la libra diò carta. de pago —————————— 0 0 72

th— quarenta y ocho Rs. que diò por 12 l. de sera
a 4 Rs. la libra diò carta. de pago —————————— 0 0 48

th— quinientos. Rs. que diò a Pedro Beltran por
la hechura. de un Sto. Cristo. entera. de la cruz
aquestas en madera diò carta de pago —————— 0 5 00

th— quatro sientos. Rs. que diò a pa. la de en
carnar el Sto. Crip. diò carta de pago ————— 0 4 00

th— Sesenta Rs. que diò por la cruz en madera
para Sto. Crip. diò carta de pago ————————— 0 0 60

th— sinquenta Rs. que diò de dar color y do
rar la cruz diò carta de pago ———————————— 0 0 50

th— Siete sientos. y dies y seis Rs. que diò a miguel
frances. de la hechura. de la tarimilla y con
pida de ella. p. el Sto. Crip. diò carta de pº ——— 0 7 16

th— dos sientos. sesenta y tres Reales. que diò
de tablas. quartones. y demas madera que
se gasto en la tarimilla y pariguelas. diò
carta de pago ———————————————————— 0 2 73

th— quarenta y quatro Rs. que diò del fierro tor
nillos y tornapuntas. p. la sagrª diò c p. — 0 0 44

| | | 5 | 8 | 29 ¾ |

La cofradía de Nuestra Señora de la O, establecida en su templo de la calle Castilla, en el barrio de Triana, tomó la decisión, en cabildo celebrado el 23 de abril de 1685, de sustituir el maltrecho Crucificado al que venía dando culto por una nueva efigie de vestir de Jesús Nazareno. Actuó en nombre de la corporación su prioste, Antonio Ramos, que encargó la imagen a Pedro Roldán. En la rendición de cuentas de la citada hermandad, correspondientes al año 1686, constan los 500 reales que el citado Ramos "dio a Pedro Roldán por la hechura de un Santo Cripto entero de la cruz a questas en madera", a los que habría que sumar 400 más abonados al pintor y dorador de origen malagueño Miguel de Parrilla por su policromía.

En realidad, la Hermandad de la O no hacía sino depositar una vez más su confianza en ambos artistas, pues en 1667 se libraron 150 reales a Roldán por tallar "un rostro nuevo de pasión para Ntra. Sra. de la O", que encarnó Parrilla en 1678. En 1686 se liquidaron también 716 reales al ensamblador Miguel Franco por "la hechura de la tarimilla ronpida de talla para el Santísimo Cripto", es decir, su paso procesional, adornado por seis relieves y cuatro angelitos para las esquinas que fueron esculpidos por Pedro Roldán, quien percibiría por este concepto 500 reales.

La imagen de Nuestro Padre Jesús Nazareno, cuya expresión humilde y resignada casa a la perfección con un cuerpo que se encorva agobiado por el peso del madero, continúa desfilando por las calles de Sevilla en la tarde del Viernes Santo portando una corona de espinas sobrepuesta y una valiosa cruz de carey y plata realizada en 1730-1731 por el ebanista Domingo Balbuena y el orfebre Manuel José Domínguez. El Nazareno sufrió serios destrozos en julio de 1936, "quedando su cabeza con graves mutilaciones, vaciados los ojos [de cristal], separada la cabeza del tronco, seccionado este en

dos mitades y rotas las manos y pies", como señalaran los profesores Hernández Díaz y Sancho Corbacho. Un valioso testimonio fotográfico obtenido después de la profanación viene a demostrar cómo Pedro Roldán lo había dotado de una túnica tallada, muy ajustada a su anatomía, que descendía hasta debajo de sus rodillas. En consecuencia, para restituirlo al culto, tuvo que ser recompuesto y repolicromado por Antonio Castillo Lastrucci. Problemas estructurales y de oscurecimiento del revestimiento pictórico obligaron a intervenir nuevamente sobre la imagen en 1993, bajo la dirección de Francisco Arquillo Torres. ❧

Sagrada Cena, Oración en el Huerto, Prendimiento, Jesús ante Anás, Flagelación y Coronación de Espinas

Pedro Roldán

1686

Relieves en madera en su color

19,5/20 x 26/26,7 cm

Real Hermandad del Santo Entierro de Cristo Nuestro Señor, María Santísima de la Soledad y Santa Ana

Parroquia de San Bartolomé, Carmona

Bibliografía: Hernández Díaz, 1936, p. 6; García de la Concha Delgado, 1997, pp. 421 y 429; Prieto Pérez, 2007, p. 99; García Baeza, 2016, pp. 62-63; Roda Peña, 2016b, p. 73; Roda Peña, 2016d, pp. 64-67; Martínez Lara y Herrera García, 2021, pp. 149-151.

Por el momento, el primero de los trabajos documentados del maestro ensamblador Miguel Franco (c. 1655-c. 1724), es el paso procesional del Nazareno de la cofradía trianera de Nuestra Señora de la O. Las cuentas de la hermandad, correspondientes al año 1686, registran un pago a dicho artífice de 716 reales "de la hechura de la tarimilla ronpida de talla para el Santísimo Cripto". A este coste se añadieron 273 reales más "de tablas, quartones y demás madera que se gastó en la tarimilla y pariguelas" y otros 44 "de fierro, tornillos y tornapuntas, bisagras". La imagen titular acababa de ser esculpida por Pedro Roldán, a quien también se le encargó la decoración del canasto, consistente en seis relieves ("istorietas") y los cuatro angelitos que figuraban en las esquinas del mismo, cobrando por este concepto la suma de 500 reales. En una partida posterior de 1687 se anota el pago de "10 reales de encarnar los quatro ángeles del paso del Sto. Cripto". Ya en 1730, Sebastián de Varela, en compañía de dos oficiales, fueron comisionados por esta hermandad para "agrandar la urna del Sto. Xpto. con la cruz a cuestas por ser pequeña [la anterior de Franco] y no venía bien para la persona del Xpto.".

Sospechamos con fundamento que aquellas seis cartelas esculpidas por Pedro Roldán se reaprovecharan, como sucedió en otros casos similares, en el nuevo paso

neobarroco que se estrenó en 1846, cuya "peana" tallada y dorada se construyó "imitando a las antiguas". Sabemos que dichas andas fueron sustancialmente reformadas en el taller de José de la Peña y Ojeda entre 1884 y 1886, cuando se amplió su canasto y se le añadieron unos nuevos candelabros de guardabrisas, medallones en los ángulos con las *arma Christi* y la heráldica de la cofradía en el centro de los costados laterales, así como cuatro ángeles niños con atributos pasionistas sentados sobre las esquinas. Tras sufrir graves daños a consecuencia de una inundación registrada en 1892, el paso tuvo que ser profundamente restaurado a partir de abril de 1898 por el ebanista Fernando de Salas, mientras que Joaquín Reina se encargó de su nuevo dorado. Algo después sus rectilíneos respiraderos se vieron sustituidos por otros de contorno inferior mixtilíneo.

El paso fue vendido el 23 de noviembre de 1976 por 265.000 pesetas a la Hermandad del Santo Entierro de Carmona, que lo mantiene en uso, tras haberlo sometido a una serie de modificaciones. En su canasto permanecen las seis cartelas de Roldán, de formato oval y apaisado. Desprovistas desde antiguo de policromía y con serios desgastes en algunas zonas del soporte lignario, pienso que estilística y morfológicamente se compadecen bien con el quehacer plástico del taller encabezado por Pedro Roldán. Las escenas reproducidas, siguiendo la secuencia que nos ofrecen los relatos evangélicos de la Pasión, son la Sagrada Cena, la Oración en el Huerto, el Prendimiento, Jesús ante Anás, la Flagelación y la Coronación de Espinas.

• *San Pedro*

Pedro Roldán (atribución)

Último cuarto del siglo XVII

Escultura en madera policromada

182 cm

Primitiva Archicofradía Pontificia y Real Hermandad de Nazarenos de la Sagrada Entrada en Jerusalén, Santísimo Cristo del Amor, Nuestra Señora del Socorro y Santiago Apóstol

Iglesia Colegial del Divino Salvador, Sevilla

Bibliografía: Roda Peña, 1999, pp. 71-72; Rodríguez Babío, 1999, p. 156; Ros González, 2018, pp. 162-176.

Esta imagen de candelero para vestir de San Pedro se integra en el paso de misterio de la Sagrada Entrada en Jerusalén, conocido popularmente como "La Borriquita", con el que se inician los desfiles procesionales a la Santa Iglesia Catedral durante la Semana Santa de Sevilla. La del Príncipe de los Apóstoles forma parte del núcleo de figuras más antiguas de este bullicioso y colorista conjunto escultórico, junto a la del propio Jesús, que aparece montado a horcajadas sobre un pollino, y la del apóstol Santiago el Mayor, que además es cotitular de esta Archicofradía del Amor. Las tres podrían fecharse a finales del siglo XVII o primeros años del XVIII y con frecuencia han recibido por parte de la historiografía el calificativo de "roldanescas", lo que nos parece particularmente acertado, sobre todo aplicado a las imágenes del Cristo y de este San Pedro, a pesar de las transformaciones que han sufrido en restauraciones de diverso calado.

Históricamente, y así continúa sucediendo, la efigie de San Pedro aparece en estas andas procesionales caminando en pos de Jesús, a su diestra, sujetando una palma en la mano izquierda, aunque de ordinario lo podemos contemplar portando su atributo más reconocible: una llave de plata. Aunque carecemos de noticias fehacientes a propósito de su autoría y fecha concreta de realización, no cabe duda

de que la morfología de su cabeza parte de un modelo empleado por Pedro Roldán en otras esculturas suyas, bien documentadas y de esta misma iconografía, caso del San Pedro tallado en piedra para la portada principal de la catedral de Jaén (1677), el de madera en su color entronizado en el retablo mayor de la parroquia de Nuestra Señora de las Virtudes de Villamartín (c. 1679), o los de madera policromada que se conservan en la iglesia de Nuestra Señora de la O de Sanlúcar de Barrameda (1694) y en el templo del hospital de los Venerables Sacerdotes de Sevilla (1698), estos dos últimos en actitud sedente. En todos ellos no solo podemos apreciar un tipo físico similar –reconocible por su edad avanzada, pronunciadas entradas en la frente, con el cabello y barba cortos y canos, nariz contundente de corte triangular, bigote largo y poblado, así como arrugas marcadas en la frente–, sino también esa peculiar técnica de talla abocetada con la que Roldán configuraba los mechones sinuosos y grumosos de pelo y, en los ejemplos que nos atañen, la identificable, por repetida, manera de componer la barba, con dos gruesas guedejas compactas de ritmos convergentes entre sí. Todo ello permite sostener, con las debidas cautelas, la atribución a Roldán o a su círculo más cercano de este San Pedro del misterio hispalense de la Borriquita.

Los inventarios de la segunda mitad del siglo XVIII que se custodian en el archivo de la Hermandad del Amor revelan que la imagen de San Pedro vestía

por entonces una túnica de tafetán morado, ceñida por un cíngulo, y una capa de color pajizo, llevando como atributo dos llaves de madera en su mano derecha y un nimbo de plata en la cabeza. Gran trascendencia revistió la "composición" a la que fue sometida esta efigie de San Pedro, junto a las de los discípulos Santiago y Juan, por parte del escultor Juan de Astorga, quien el 21 de abril de 1804 recibió 600 reales por incorporarles "candeleros nuebos, túnicas interiores y ojos de christal". Esta operación conllevó que las tres figuras hubieran de policromarse de nuevo, tarea que recayó en el pintor Joaquín de la Peña, habitual colaborador de Astorga en estos menesteres. Dos nuevas intervenciones sobre todas las imágenes del misterio, incluyendo la de San Pedro, fueron llevadas a cabo por Manuel Galiano Delgado en 1928 y por Antonio Márquez en 1939, desconociéndose el alcance concreto de las mismas. El escultor Juan Abascal Fuentes restauró los tres apóstoles en 1975 y José Rodríguez Rivero-Carrera hizo lo propio con la imagen de San Pedro en 1982 y 1989.

En el paso procesional, San Pedro luce tras su testa una diadema de plata sobredorada labrada por Manuel Seco Velasco en 1946-1947. Su ajuar textil consta de una túnica de terciopelo morado bordada en oro en el taller de Fernández y Enríquez en 1985, obrador y año en el que también se bordó el mantolín de terciopelo de color pajizo. ❧

Ángeles llorosos

Pedro Roldán (atribución)

Último tercio del siglo XVII

Esculturas en madera policromada

92 cm

Real Parroquia de Señora Santa Ana, Sevilla

Bibliografía: González de León, 1844, 339; Hernández Díaz y Sancho Corbacho, 1936, pp. 55-56; Rodríguez Babío, 2001, pp. 112-115; Roda Peña, 2007b, pp. 290-291; Rodríguez Babío, 2010, pp. 317-323; Roda Peña, 2012a, pp. 215-217; Roda Peña, 2016c, pp. 452-453.

González de León, al describir en 1844 la iglesia del extinto convento de carmelitas descalzos de Nuestra Señora de los Remedios de Triana, se detiene en una capilla del lado de la epístola, en la cabecera del correspondiente brazo del crucero, para reparar en la existencia de "dos Ángeles mancebos del célebre Roldán", situados en un altar que acababa de reformar y pintar el escultor decimonónico Gabriel Astorga. Dicho retablo estaba presidido por un notable Crucificado de mediados del siglo XVI, atribuible al escultor flamenco Roque de Balduque (†1561), que sufrió una sustancial transformación iconográfica hacia 1840 al quedar convertido en un Cristo muerto en brazos de una sedente Dolorosa barroca de candelero, conformando así un grupo de la Piedad al que rendía culto una congregación femenina de la madre sor María de la Antigua, fundada en el referido cenobio carmelita en 1818.

La revolución de 1868 trajo consigo la clausura de este templo, por lo que todos los objetos propios de la congregación, incluidas sus sagradas imágenes y altar, se trasladaron a la vecina parroquia de Santa Ana, ocupando una capilla en el lado de la epístola, donde quedan citados en un inventario de 1884. Allí permanecían en 1936, cuando los profesores Hernández Díaz y Sancho Corbacho recorren el interior de Santa Ana, anotando que en la capilla de la Sexta Angustia, "hállase un

retablo de gusto neoclásico, y el grupo de Nuestra Señora con Jesús muerto en sus brazos, de escaso mérito artístico. No exentas de interés, son las cuatro imágenes de ángeles –dos mayores, llorones, y dos pequeños, con atributos de la Pasión– del primer tercio del siglo XVIII". Tras la reforma de la parroquia trianera que culminara en 1975, las referidas esculturas cambiaron de ubicación, pasando la Sexta Angustia a la denominada capilla de las Confesiones, y los dos ángeles mancebos y llorosos –sus lágrimas las enjugan en largos lienzos, a manera de pañuelos– a la capilla sacramental.

Esta pareja de ángeles, que puede atribuirse al obrador de Pedro Roldán dada su notable calidad y características formales y técnicas, fue sometida a una oportuna restauración en 2007. Por su formato e iconografía, ambas esculturas recuerdan

sobremanera a los habituales ángeles pasionarios que figuraron en los pasos procesionales barrocos, funcionalidad que estos mismos desempeñaron esporádicamente a comienzos del siglo XX. En efecto, varias instantáneas fotográficas acreditan que acompañaron a las imágenes del Señor de las Penas y Nuestro Padre Jesús Nazareno, titulares respectivamente de las hermandades trianeras de la Estrella y de la O, escoltándolas en los costeros de sus pasos procesionales. Actuaban, en realidad, como ángeles ceroferarios, pues sostenían en una de sus manos un farol de plata. También se constata su presencia en algunos de los efímeros aparatos de culto que la Hermandad de la Esperanza de Triana preparaba durante el segundo tercio de la pasada centuria en el templo de San Jacinto para el besamanos de su Dolorosa. ❦

Ángeles ceroferarios

Pedro Roldán (atribución)

Segunda mitad del siglo XVII

Esculturas en madera policromada

80 cm

Real, Muy Ilustre y Venerable Hermandad del Santísimo Sacramento, Inmaculada Concepción y Ánimas Benditas, y Cofradía de Nazarenos del Santísimo Cristo de la Caridad en su Traslado al Sepulcro, Nuestra Señora de las Penas y Santa Marta

Parroquia de San Andrés, Sevilla

Bibliografía: Manzano Beltrán, 2019, pp. 41-42; Roda Peña, 2019, p. 229.

Durante el pasado año 2018, la parroquia sevillana de San Andrés y la Hermandad del Santísimo Cristo de la Caridad en su Traslado al Sepulcro y Nuestra Señora de las Penas, con sede canónica en dicho templo, suscribieron un convenio por el cual la primera cedía a la corporación penitencial esta pareja de ángeles ceroferarios para enriquecer el ajuar artístico de su capilla y poder utilizarlos también en diversos aparatos efímeros de culto, a cambio de que esta se hiciera cargo de su restauración y mantenimiento. Dando cumplimiento a dicho acuerdo, Pedro Manzano Beltrán se hizo cargo de su intervención integral, dado su penoso estado de conservación, presentándose terminados el 18 de junio de 2019. A partir de entonces se destinan de ordinario al exorno del altar de Santa Marta, cotitular de esta cofradía, cuya imagen escoltan a uno y otro lado. Portan estos ángeles entre sus manos unos faroles de metal plateado, propiedad de la hermandad, cuyas astas se componen de cañones repujados por Emilio García de Armenta en 1953, al tiempo que las cabezas de los mismos fueron labradas a mediados de la década de 1980 por el orfebre Manuel de los Ríos.

Hemos podido documentar –y así lo atestigua una vetusta fotografía tomada por Higinio Capote– que estos dos ángeles fueron cedidos por la parroquia de San Andrés a la Hermandad de Pasión, al menos en 1930, para flanquear la imagen del Nazareno de Martínez Montañés en su paso procesional –aquel que tallara Manuel Gutiérrez Reyes y que pereciera en el incendio de 1940–, siendo restaurados para la ocasión por el tallista y dorador José Carrera Baena, como lo señala este inequívoco apunte contable: "Por la restauración de los ángeles de las cartelas del paso y dos más de San Andrés, 75 [pesetas]".

Esculpidos en madera de cedro, estos dos ángeles mancebos acreditan una morfología y técnica de talla que los acercan a la producción de Pedro Roldán, lo que constituye una aportación inédita a su catálogo de obras atribuidas. Tal asignación

también viene avalada por la dinámica composición de ambas figuras, en simétrica responsión que les hace girar sus rostros en dirección contraria a la disposición de sus brazos, por el plegado y agitado vuelo de sus ropajes, así como por sus característicos tipos físicos. En este sentido, resulta oportuno traer a colación su cierta similitud, sobre todo en lo que se refiere a sus rasgos faciales, con la pareja de ángeles, estos casi de tamaño natural, que se sitúan en los laterales del altar del misterio del Descendimiento, de la Hermandad de la Quinta Angustia, que antaño portaban atributos de la Pasión y hoy sostienen faroles. Los de la parroquia de San Andrés son piezas ciertamente de mayor calidad y acabada factura, incluso en lo referido a su excelente policromía y estofado, que incluye labores de esgrafiado, picado de lustre y a punta de pincel, además de corladuras rojas y verdes en el envés de las prendas. ❧

Nuestra Señora de la Antigua, Siete Dolores y Compasión

Pedro Roldán (atribución)

Tercer cuarto del siglo XVII

Escultura en madera policromada

120 cm

Real Parroquia de Santa María Magdalena, Sevilla

Bibliografía: Palomino de Castro y Velasco, 1724, p. 456; Ceán Bermúdez, 1800, p. 243; González de León, 1852, p. 92; Bermejo y Carballo, 1882, pp. 225-226; Cortines Murube, 1946, s. p.; Salazar y Bermúdez, 1955, p. 45; Bernales Ballesteros, 1973, pp. 62-63; Sánchez Gordillo, 1982, pp. 259-260; Roda Peña, 1988, s. p.; Roda Peña, 1991, pp. 190-194; González Gómez y Roda Peña, 1992, pp. 222-223; Roda Peña, 1995, pp. 50-52; Martínez Alcalde, 1997, pp. 42-43; Fernández Medina, 1999, p. 61; Falcón Márquez, 1999, pp. 22-23; Sánchez López, 2005, pp. 194-196; Torrejón Díaz y Romero Torres, 2005, pp. 207-213; Dávila-Armero del Arenal y Pérez Morales, 2008, pp. 12-17; Martínez Alcalde, 2009, pp. 179-180; Roda Peña, 2012a, pp. 253-257; Roda Peña, 2016a, pp. 171-174; Hernández González, 2017, pp. 157-159; Hermoso Romero, 2023, p. 118.

En aquel pionero apunte biográfico que el pintor y tratadista Antonio Palomino dedicara a Pedro Roldán en su *Parnaso Español Pintoresco Laureado* (1724), la única escultura de carácter procesional que cita como realización suya es la de María Santísima de los Dolores, afirmando ser "la devoción de toda Sevilla". Conocida también bajo la advocación de Nuestra Señora de la Antigua, Siete Dolores y Compasión, era la titular mariana de una ilustre y pujante cofradía de penitencia establecida en su capilla propia –desde 1939 sede de la Hermandad de Montserrat– del compás del convento dominico de San Pablo, hasta que después de la extinción de su hermandad durante la segunda década del siglo XIX, fue llevada al interior de la iglesia del referido cenobio, hoy parroquia de Santa María Magdalena, donde se conserva.

José Bermejo y Carballo, al historiar en 1882 el devenir de esta cofradía, nos comenta, de manera un tanto ambigua, que adquirió sus imágenes "no mucho después de este tiempo", siendo la última de las fechas por él citadas la del año 1653. Consigna su condición de talla completa, su actitud genuflexa, manos entrelazadas y estatura natural. Aprecia que es de lo mejor que ejecutó Roldán, ofreciéndonos seguidamente una cabal descripción de la efigie: "De rodillas, con las manos cruzadas, la cabeza levantada y los ojos fijos en el cielo, es como se ostenta esta Madre amante. La aflicción, la angustia, el dolor más acerbo se ven retratados en su semblante, escitando compasión y lástima en los corazones cristianos, a la vez que dolor y sentimiento, pues recuerda que sus penas las causaron nuestros pecados, y que las renuevan a cada paso nuestras ingratitudes y miserias".

Por su parte, el profesor Jorge Bernales propuso datarla hacia 1650-1651, considerándola por consiguiente una de sus primeras obras sevillanas y visiblemente influenciada por la plástica granadina asimilada durante su aprendizaje artístico en la ciudad del Darro. A nuestro modesto parecer, y a tenor de lo publicado por Bermejo, sería oportuno retrasar algo más tan temprana cronología, situándola durante el tercer cuarto del siglo XVII. Tampoco estoy de acuerdo con que la estética e iconografía de esta talla deriven de prototipos granadinos. En su momento sugerí la hipótesis de que Pedro Roldán pudiera haber versionado, en clave atemperadamente barroca, un simulacro escultórico anterior, de finales del siglo XVI, al que la tradición oral adjudicaba un origen alemán o flamenco. De hecho, tenemos constancia de que en 1597 se entronizó en el altar mayor de la capilla de Nuestra Señora de la Antigua "una Imagen Dolorosa de la Santísima Virgen con siete cuchillos en el pecho", dándose así carta de naturaleza a la fusión que acababa de ratificarse entre la Hermandad de la Antigua con la de los Siete Dolores y Compasión, fundada esta última hacia 1593 en el convento de Santo Domingo de Portaceli, trasladándose poco después a la mencionada sede del compás de san Pablo.

Esta circunstancia puede explicar que la escultura presente visibles arcaísmos en el modelo de su indumentaria o que su rostro no refleje uno de los tipos físicos característicos de Roldán, lo que ha llevado a determinados historiadores del arte a negar su paternidad sobre la misma. Creo, sin embargo, que el mencionado testimonio de Palomino posee un valor casi probatorio, pues su demostrado conocimiento de la obra del maestro sevillano deja lugar a pocas dudas. Por otra parte, el amplio y profundo plegado de su ropaje casa con la habitual técnica de talla de Roldán, de la misma forma que, desde el punto de vista compositivo, resultan convincentemente barrocos los giros contrapuestos que describen la cabeza y las manos, así como la potente diagonal que se genera al adelantar la pierna derecha arrodillada, bien visible desde ambos costados.

Tras la restauración de 1998, donde pudo comprobarse que la imagen se talló en madera de cedrela y se halla ahuecada interiormente, la misma ha recuperado sus valores cromáticos, luciendo un vistoso estofado que resalta sobre el fondo negro de su túnica y manto, el cual recuerda, hasta en el diseño de sus patrones decorativos, a las labores en oro que ostentan en sus respectivas sotanas y manteos las dos versiones de Roldán de San Ignacio de Loyola conservadas en la parroquia sevillana de San Bartolomé (1672-1673) y en el Museo Nacional de Escultura de Valladolid. El rostro y las manos presentan dos policromías subyacentes. Las lágrimas de la Dolorosa se han pintado con sus correspondientes regueros, evitándose la utilización de postizos. Tengo para mí que la notoriedad y prestigio devocional de esta talla influiría decisivamente para que dicho modelo iconográfico de Dolorosa genuflexa con las manos entrelazadas fuese repetidamente reinterpretado en el contexto de la escultura sevillana desde el último tercio del siglo XVII hasta bien entrada la centuria decimonónica.

Nuestra Señora de la Antigua, Siete Dolores y Compasión

Anónimo sevillano

Hacia 1700

Óleo sobre lienzo

100 x 118,5 cm

Diputación Provincial de Sevilla
Depositado en Fundación Cajasol, Sevilla

Bibliografía: Roda Peña, 1988, s. p.; Sánchez-Mesa Martín, 1991, pp. 167-185; Pérez Sánchez, 1992, p. 151; Roda Peña, 1995, p. 52; Porres Benavides, 2013, pp. 20-25; González García, 2021, pp. 590-593.

La extraordinaria fama de la que gozó esta Virgen dolorosa durante la Edad Moderna –hasta el punto de afirmar Antonio Palomino en 1724 que era la devoción de toda Sevilla–, justifica la extensa serie de lienzos de apreciable calidad artística que la reproducen, desde el último tercio del siglo XVII y hasta entrada la centuria dieciochesca, con notoria fidelidad a la escultura original. Esta última, de talla completa y atribuida por el citado pintor y tratadista a Pedro Roldán, se conserva en la Real parroquia de Santa María Magdalena de Sevilla, antiguo templo del convento dominico de San Pablo, en cuyo compás tuvo capilla propia la hermandad que le rendía culto, y que desde 1939 sirve de sede a la cofradía penitencial de Montserrat. En la mayoría de estos "verdaderos retratos" de tan venerada imagen, caso por ejemplo de los custodiados en la iglesia del monasterio de San Jerónimo de Granada o en el coro bajo del convento hispalense de Santa

Isabel, además de los subastados en las salas Retiro, Abalarte y La Suite –estos dos últimos en mayo de 2021 y marzo de 2022, respectivamente–, se repiten incluso los pormenores de su vistoso estofado en oro, que resalta sobre el fondo negro de su túnica y manto.

Estas pinturas sitúan a la carismática Virgen de la Antigua y Siete Dolores en su ámbito devocional cotidiano, aunque las dos patas de cortinaje rojo que aparecen recogidas en los ángulos superiores apenas permiten atisbar la embocadura

de su camarín en el retablo que presidía su capilla. La Dolorosa aparece arrodillada sobre un estrecho cojín cincelado en plata, con borlones de pasamanería en sus esquinas, dispuesta sobre la que sospechamos sea su argéntea peana procesional, de diseño y labra barrocos, adornada con sobrepuestos dorados. Luce en su cabeza una corona –de diversos modelos: de plata en su color o sobredorada, con o sin imperiales, dotada de aureola o sin ella– y clavadas en su corazón siete largas espadas flamígeras de plata, mostrando entre sus empuñaduras otros tantos medallones circulares donde se plasman los siete dolores de María –no siempre guardando el mismo orden– o, en su caso, atributos de la Pasión, componiendo un arco que se apoyaba, casi siempre, sobre sendos pilarcillos del mismo metal, y al-

La Suite Subastas.

Abalarte Subastas.

guna vez –en el cuadro que publicara Alfonso E. Pérez Sánchez en 1992–, sobre columnas salomónicas. Existen variantes entre los diferentes lienzos en cuanto a la posibilidad de introducir o no determinados elementos de platería y exorno floral a los lados del escabel: floreros, candeleros con velas encendidas o una pareja de angelitos que sobresalen de la propia peana portando faroles.

La pintura que aquí se muestra fue depositada el 25 de noviembre de 1982 por la Diputación Provincial hispalense en la Caja de Ahorros Provincial San Fernando de Sevilla, formando hoy parte de la colección de la Fundación Cajasol, en su sede central de la plaza de San Francisco. Gracias a la información amablemente suministrada por Juan Luis Ravé Prieto, estamos en condiciones de revelar que dicho óleo sobre lienzo aparecía inventariado en 1975 en la sacristía de la iglesia jesuítica de San Luis de los Franceses, con el nº 802. Obra anónima de autor sevillano, de un formato medio y ligeramente más ancho que alto, puede fecharse en torno a 1700, conservando su marco contemporáneo en madera tallada, dorada y policromada. Resaltaré que es el único ejemplar, entre los localizados hasta el momento, en que la indumentaria de la Dolorosa semeja ser de textiles naturales y no imitativa de la talla real lignaria, sin más adorno que una fimbria dorada que recorre el borde del manto negro y las mangas de la túnica del mismo color. Tampoco se conoce, por el momento, otra representación pictórica suya donde los siete tondos que componen esa suerte de ráfaga en torno a las espadas flameantes, no incorporan las escenas identificativas de los dolores de María, sino instrumentos de la Pasión, a saber: martillo y tenazas, flagelos, columna, Santa Faz, clavos, escalera, lanza y caña con esponja.

Monasterio de San Jerónimo de Granada.

Bambalina frontal

Anónimo sevillano

Último tercio del siglo XVII

Bordada en hojilla de plata sobre terciopelo
de seda burdeos

52 x 200 cm

Pontificia, Real y Primitiva Archicofradía de Nazarenos
del Santísimo Cristo de la Coronación de Espinas, Nuestro
Padre Jesús con la Cruz al Hombro, Nuestra Señora del
Valle y Santa Mujer Verónica

Iglesia de la Anunciación, Sevilla

Bibliografía: González de León, 1852, p. 59 y 91-92; Bermejo y Carballo, 1882, pp. 176-177; Mañes Manaute, 2003, pp. 166-175; García Garrido, Gómez Villa y Moreno Galindo, 2024, pp. 262-275.

En la manuscrita e inédita *Crónica sevillana* de Félix González de León, custodiada en el Archivo Municipal de Sevilla, se reseña que el Jueves Santo 11 de abril de 1805, "salió igualmente la del Valle y estrenaron el palio del paso de la Virgen, que fue y lo compraron a la cofradía de la Antigua y Siete Dolores, y al paso del Sr. con la Cruz a Cuestas le agregaron más figuras". El mismo autor, cuando publicó en 1852 su *Historia crítica y descriptiva de las cofradías de Sevilla*, ampliaba la información anterior al señalar que en 1805, la Hermandad del Valle "se hizo del grandioso y riquísimo palio de seda morado, esmeradamente bordado de plata con dobles caídas, que le vendió la cofradía de la Antigua y Siete Dolores". Esta última corporación penitencial, una de las más señeras de la ciudad y radicada en su capilla propia del compás del convento dominico de San Pablo, había dejado de salir procesionalmente en 1766, "quedando después tan perdida que no se volvió a restablecer", como atestiguaba el mismo González de León, quien también describía a la imagen

mariana, obra atribuida a Pedro Roldán por Palomino, entronizada en sus andas "sobre rica peana de plata, y debajo del palio ya referido, con varas de plata [...], con siete cuchillos muy grandes en el pecho; y entre cuchillo y cuchillo una tarjeta redonda de plata con relieves que cada una figuraba uno de los dolores de nuestra Señora".

En 1882, José Bermejo y Carballo se hizo eco, respecto a la

cofradía del Valle, del "magnífico y rico palio de terciopelo morado, bordado de plata, con doce varas de cobre plateadas, cuyo palio, aunque procede del que en 1805 compró esta Hermandad a la Cofradía de la Antigua y Siete Dolores, sin embargo, destruido este por los años y por las vicisitudes padecidas, su restauración y mejoras suponen tanto como haberlo hecho de nuevo". Bermejo, sin duda, había conocido de primera mano la intervención y enriquecimiento de los que había sido objeto este palio barroco de la Virgen del Valle entre 1878 y 1879 en el obrador de la bordadora Teresa del Castillo, pero ya con anterioridad, en 1806, tras la adquisición

del mismo, Antonia Bazo había bordado las bambalinas interiores, basándose en el diseño y técnica de ejecución de los motivos ornamentales de finales del siglo XVII que aparecían en las caídas exteriores, añadiendo un salpicado de estrellas de ocho puntas. Otras restauraciones posteriores se debieron a Gabriel Espinar en 1912, las religiosas adoratrices de Sevilla en 1940, Guillermo Carrasquilla Rodríguez en 1951 y las jerónimas de Constantina en 1971. Digna de encomio ha sido la intervención conservativa, pionera en sus criterios y metodología, afrontada en el Instituto Andaluz del Patrimonio Histórico, culminada con vistas a la Semana Santa de 2023.

En definitiva, nos encontramos ante una pieza icónica de las artes suntuarias hispalenses, ni más ni menos que el palio más antiguo (aunque el porcentaje de original que puede contemplarse en la obra es escaso) de cuantos procesionan en la Semana Santa de Sevilla, del que en esta exposición se muestra la bambalina frontal. Aunque las fuentes documentales aluden a su soporte original de terciopelo morado, se aprecia que el tejido actual, el renovado por Carrasquilla en 1951, es de color burdeos, estando los bordados configurados mediante hojillas de plata que estilizan motivos florales y vegetales a base de lirios, crisantemos y palmas. ❧

Pedro Roldán (atribución).
San Juan Evangelista.
Hacia 1665-1675.
Hermandad de la Quinta
Angustia, Sevilla.

BIBLIOGRAFÍA

BERMEJO Y CARBALLO, José (1882): *Glorias Religiosas de Sevilla, o Noticia histórico-descriptiva de todas las cofradías de penitencia, sangre y luz fundadas en esta ciudad*. Sevilla: Imprenta y Librería del Salvador.

BERNALES BALLESTEROS, Jorge (1973): *Pedro Roldán. Maestro de Escultura (1624-1699)*. Sevilla: Diputación Provincial de Sevilla.

BERNALES BALLESTEROS, Jorge (1979): "Pedro Roldán y la imaginería hispalense de su tiempo", *Boletín de las Cofradías de Sevilla*, nº 240, pp. 9-22.

BERNALES BALLESTEROS, Jorge (1984): *Tesoros Ocultos de las Hermandades de Sevilla*, cat. exp. Sevilla: Obra Cultural del Monte de Piedad y Caja de Ahorros de Sevilla.

CEÁN BERMÚDEZ, Juan Agustín (1800): *Diccionario histórico de los más ilustres profesores de las Bellas Artes en España*, vol. IV. Madrid: Imprenta de la Viuda de Ibarra.

CORTINES MURUBE, Felipe (1946): "Con el título de los Siete Dolores y en su Capilla de la Tercena", *Calvario*, s. p.

CUÉLLAR CONTRERAS, Francisco de Paula (1976): "Paso para el Santísimo Cristo de la Púrpura, de la Cofradía de la Columna y Azotes", *Boletín de las Cofradías de Sevilla*, nº 196, pp. 13-15.

CUÉLLAR CONTRERAS, Francisco de Paula (1981): "Documentos varios de Hermandades en el siglo XVII (IX)", *Boletín de las Cofradías de Sevilla*, nº 259, pp. 6-7.

CUÉLLAR CONTRERAS, Francisco de Paula (1983a): "Documentos varios de Hermandades en el siglo XVII (XXXVI)", *Boletín de las Cofradías de Sevilla*, nº 290, pp. 4-6.

CUÉLLAR CONTRERAS, Francisco de Paula (1983b): "Documentos varios de Hermandades en el siglo XVII (XXXVII)", *Boletín de las Cofradías de Sevilla*, nº 291, pp. 3-5.

DABRIO GONZÁLEZ, María Teresa (1985): *Los Ribas. Un taller andaluz de escultura del siglo XVII*. Córdoba: Monte de Piedad y Caja de Ahorros de Córdoba.

DÁVILA-ARMERO DEL ARENAL, Álvaro (2010): *La capilla del Dulce Nombre de Jesús en la iglesia parroquial de Santa María Magdalena de Sevilla. Arquitectura y evolución de un espacio singular*. Sevilla: Hermandad de la Quinta Angustia.

DÁVILA-ARMERO DEL ARENAL, Álvaro y PÉREZ MORALES, José Carlos (2008): "Catálogo de obras documentadas y de segura atribución", en *Pedro Roldán*, T. II. Sevilla: Ediciones Tartessos, pp. 11-355.

FALCÓN MÁRQUEZ, Teodoro (1999): *Pedro Roldán, 1624-1699. III Centenario de su muerte*, cat. exp. Sevilla: Caja San Fernando.

FERNÁNDEZ MEDINA, María Isabel (1999): "Virgen de la Antigua y Siete Dolores", *PH Boletín*, nº 27, p. 61.

FERRER GARROFÉ, Paulina (1982): *Bernardo Simón de Pineda. Arquitectura en madera*. Sevilla: Diputación Provincial de Sevilla.

GARCÍA BAEZA, Antonio (2016): "Libro de Cuentas de 1686", en MARTÍNEZ LARA, Pedro Manuel (Coord.): *Los pasos de La O a través de sus 450 años de historia*, cat. exp. Sevilla: Archicofradía Sacramental de La O, pp. 62-63.

GARCÍA DE LA CONCHA DELGADO, Federico (1997): "Pontificia, Real e Ilustre Archicofradía del Santísimo Sacramento, Nuestro Padre Jesús Nazareno y María Santísima de la O", en *Nazarenos de Sevilla*, T. I. Sevilla: Ediciones Tartessos, pp. 409-429.

GARCÍA GARRIDO, Cristina; GÓMEZ VILLA, José Luis y MORENO GALINDO, Concepción (2024): "Nuevos procesos de intervención en el patrimonio textil: el palio de Nuestra Señora del Valle", *Revista PH Instituto Andaluz del Patrimonio Histórico*, nº 112, pp. 262-275.

GARCÍA LUQUE, Manuel (2023): "Fuentes y modelos en la obra de Pedro Roldán", en RODA PEÑA, José (Com. y Ed.): *Pedro Roldán, escultor (1624-1699)*, cat. exp. Sevilla: Consejería de Cultura, Turismo y Deporte. Junta de Andalucía, pp. 71-89.

GARCÍA ROSELL, Carmen (2007): "Pedro Roldán. Jesús ante Caifás, la Exaltación de la Cruz y el Entierro de Cristo en el sepulcro (relieves del paso procesional), 1659", en ROMERO TORRES, José Luis y TORREJÓN DÍAZ, Antonio (Coms.): *Roldana*, cat. exp. Sevilla: Junta de Andalucía, Consejería de Cultura, pp. 170-171.

GÓMEZ PIÑOL, Emilio (2000): *La Iglesia Colegial del Salvador. Arte y sociedad en Sevilla (Siglos XIII al XIX)*. Sevilla: Fundación Farmacéutica Avenzoar.

GONZÁLEZ DE LEÓN, Félix (1844): *Noticia artística, histórica y curiosa de todos los edificios públicos, sagrados y profanos de esta Muy Noble, Muy Leal, Muy Heroica e Invicta Ciudad de Sevilla, y de muchas casas particulares*, T. II. Sevilla: Imprenta de José Hidalgo.

GONZÁLEZ DE LEÓN, Félix (1852): *Historia crítica y descriptiva de las cofradías de penitencia, sangre y luz, fundadas en la ciudad de Sevilla*. Sevilla: Imprenta y librería de D. Antonio Álvarez.

GONZÁLEZ GARCÍA, Francisco Javier (2021): "Sobre una pintura inédita de la Virgen de la Antigua, Siete Dolores y Compasión", *Boletín de las Cofradías de Sevilla*, nº 751, pp. 590-593.

GONZÁLEZ GÓMEZ, Juan Miguel y RODA PEÑA, José (1992): *Imaginería procesional de la Semana Santa de Sevilla.* Sevilla: Universidad de Sevilla.

HERMOSO ROMERO, Ignacio (2023): "Policromía en la escultura de Pedro Roldán", en RODA PEÑA, José (Com. y Ed.): *Pedro Roldán, escultor (1624-1699)*, cat. exp. Sevilla: Consejería de Cultura, Turismo y Deporte. Junta de Andalucía, pp. 109-126.

HERNÁNDEZ DÍAZ, José (1936): "Página cofradiera e imagen de Jesús Nazareno", *España*, nº 2, pp. 5-6.

HERNÁNDEZ DÍAZ, José (1977): "El templo hispalense de San Vicente", *Boletín de Bellas Artes*, 2ª Época, nº V, pp. 115-124.

HERNÁNDEZ DÍAZ, José y SANCHO CORBACHO, Antonio (1936): *Estudio de los edificios religiosos y objetos de culto de la ciudad de Sevilla, saqueados y destruidos por los marxistas.* Sevilla: Imprenta de la Gavidia.

HERNÁNDEZ GONZÁLEZ, Salvador (2017): "Noticias sobre la extinguida Cofradía de Nuestra Señora de la Antigua y Siete Dolores, del convento de San Pablo, a través del memorial del escribano Joaquín José Rodríguez de Quesada (siglo XVIII)", en RODA PEÑA, José (Coord. y Ed.): *XVIII Simposio sobre Hermandades de Sevilla y su provincia.* Sevilla: Fundación Cruzcampo, pp. 151-178.

ILLÁN, Magdalena y VALDIVIESO, Enrique (2005): *Noticias artísticas sevillanas del archivo Farfán Ramos. Siglos XVI, XVII y XVIII.* Sevilla: Guadalquivir Ediciones.

JIMÉNEZ SAMPEDRO, Rafael (1999): "La Hermandad de las Ánimas Benditas de San Vicente", *Boletín de las Cofradías de Sevilla*, nº 489, pp. 80-86.

JIMÉNEZ SAMPEDRO, Rafael (2012): *La Archicofradía de las Siete Palabras. Cinco siglos de devoción en el barrio de San Vicente.* Sevilla: el autor.

LÓPEZ BERNAL, José Manuel (2009): "Descubierta la autoría del grupo de cuatro ángeles de la Hermandad", *Columna y Azotes*, nº 49, pp. 23-25.

LÓPEZ MARTÍNEZ, Celestino (1928a): *Arquitectos, escultores y pintores vecinos de Sevilla.* Sevilla: Rodríguez, Giménez y Cª.

LÓPEZ MARTÍNEZ, Celestino (1928b): *Retablos y esculturas de traza sevillana.* Sevilla: Rodríguez, Giménez y Cª.

MANZANO BELTRÁN, Pedro (2019): "Intervención en los arcángeles de la Parroquia de San Andrés", *Santa Marta. Boletín Informativo*, nº 99, pp. 41-42.

MAÑES MANAUTE, Antonio (2003): "El bordado, una brillante exposición ornamental y simbólica", en LÓPEZ GARRIDO, María Isabel (Coord.): *La Hermandad del Valle de Sevilla. Patrimonio cultural y devocional.* Sevilla: Fundación El Monte.

MARTÍNEZ ALCALDE, Juan (1997): *Sevilla Mariana. Repertorio Iconográfico.* Sevilla: Guadalquivir Ediciones.

MARTÍNEZ ALCALDE, Juan (2009): *Imágenes pasionistas de Sevilla que no procesionan.* Sevilla: Mundo Cofrade.

MARTÍNEZ LARA, Pedro M. y HERRERA GARCÍA, Francisco Javier: "Miguel Franco, maestro entallador de la iglesia y archicofradía de La O de Sevilla", en LÓPEZ-GUADALUPE MUÑOZ, Juan Jesús; DÍAZ GÓMEZ, José Antonio y CONTRERAS-GUERRERO, Adrián (Eds.): *De Austrias a Borbones. Construcciones visuales en el Barroco hispánico.* Granada: Editorial Universidad de Granada, 2021, pp. 143-167.

MURO OREJÓN, Antonio (1932): *Artífices Sevillanos de los Siglos XVI y XVII.* Sevilla: Laboratorio de Arte.

PALOMINO DE CASTRO Y VELASCO, Antonio (1724): *El museo pictórico y escala óptica. Tomo II. Práctica de la pintura, en que se trata el modo de pintar al óleo, temple y fresco. Tomo III. El parnaso español pintoresco laureado. Con las vidas de los pintores, y estatuarios eminentes españoles.* Madrid: Viuda de Juan García Infançón.

PÉREZ SÁNCHEZ, Alfonso Emilio (1992): "Trampantojos «a lo divino»", *Lecturas de Historia del Arte*, nº 3, pp. 139-155.

PLEGUEZUELO HERNÁNDEZ, Alfonso (2017): "Luisa Roldán en Sevilla y San José con el Niño Jesús: atribuciones e iconografía", *Laboratorio de Arte*, nº 29, pp. 377-396.

PORRES BENAVIDES, Jesús (2013): "Devociones en el antiguo convento de San Pablo el Real", *Montserrat*, nº 7, pp. 20-26.

PRIETO PÉREZ, Joaquín O. (2007): "Un tiempo clave para la Hermandad: 1685-1850", en *Historia de la O. Una hermandad para un barrio.* Sevilla: Hermandad de la O, pp. 95-181.

QUESADA, Luis (Dir.) (1977): *La escultura sevillana en la edad de oro*, cat. exp. Madrid: Club Urbis.

QUILES GARCÍA, Fernando (1991): "Cristóbal Sánchez de la Rosa y Juan Laureano de Pina en un proyecto común: la custodia de la Magdalena", *Atrio*, nº 3, pp. 51-54.

RECIO MIR, Álvaro (2018): "Los retablos: de los Terceros al Salvador", en RODRÍGUEZ BABÍO, Amparo (Coord.): *Amor (1618-2018)*. Sevilla: Hermandad del Amor, pp. 199-211.

RODA PEÑA, José (1988): "Nuestra Señora de la Antigua, Siete Dolores y Compasión", en GONZÁLEZ GÓMEZ, Juan Miguel (Com.): *Mater Dolorosa*, cat. exp. Sevilla: Caja San Fernando, s. p.

RODA PEÑA, José (1991): "Antiguas imágenes titulares de las cofradías sevillanas", en AA. VV.: *Las Cofradías de Sevilla en el siglo de las crisis*. Sevilla: Universidad de Sevilla, pp. 177-238.

RODA PEÑA, José (1995): "La Dolorosa genuflexa con las manos entrelazadas. Iconografía escultórica en Sevilla", en AZNÁREZ LÓPEZ, Pedro José y SCHLATTER NAVARRO, Ángel Luis (Dirs.): *Primer Simposio Nacional de Imaginería*. Sevilla: Caja San Fernando, pp. 47-67.

RODA PEÑA, José (1996): *Hermandades Sacramentales de Sevilla*. Sevilla: Guadalquivir Ediciones.

RODA PEÑA, José (1997a): "Documentos inéditos sobre pasos procesionales sevillanos del siglo XVII", *Boletín de las Cofradías de Sevilla*, nº 461, pp. 56-59.

RODA PEÑA, José (1997b): "Una aproximación al estudio del patrimonio artístico de las Hermandades de Ánimas Benditas en Sevilla", en *Simposium sobre Religiosidad popular en España*, Vol. II. San Lorenzo del Escorial: Instituto Escurialense de Investigaciones Históricas y Artísticas, pp. 667-693.

RODA PEÑA, José (1999): "Escenas de la Pasión en la escultura procesional sevillana", en SÁNCHEZ HERRERO, José; RODA PEÑA, José y GARCÍA DE LA CONCHA DELGADO, Federico (Coords.): *Misterios de Sevilla*, T. I. Sevilla: Ediciones Tartessos, pp. 69-111.

RODA PEÑA, José (2000): "La Hermandad de Nuestra Señora del Rosario de la parroquia del Divino Salvador de Sevilla. Historia y patrimonio artístico", en RODA PEÑA, José (Dir.): *I Simposio sobre Hermandades de Sevilla y su provincia*, Fundación Cruzcampo, Sevilla, 2000, pp. 193-217.

RODA PEÑA, José (2007a): "Pedro Roldán. San Miguel Arcángel, 1657", en CAMACHO MARTÍNEZ, Rosario y ESCALERA PÉREZ, Reyes (Coms.): *Fiesta y Simulacro*, cat. exp. Sevilla: Junta de Andalucía, Consejería de Cultura, pp. 172-173.

RODA PEÑA, José (2007b): "Círculo de Pedro Roldán. Ángeles llorosos, c. 1700", en PLEGUEZUELO HERNÁNDEZ, Alfonso y VALDIVIESO, Enrique (Coms.): *Teatro de Grandezas*, cat. exp. Sevilla: Junta de Andalucía, Consejería de Cultura, pp. 290-291.

RODA PEÑA, José (2012a): *Pedro Roldán, escultor (1624-1699)*. Madrid: Arco/Libros.

RODA PEÑA, José (2012b): "La renovación del patrimonio escultórico de las hermandades penitenciales de Sevilla durante el reinado de Carlos II", en ARANDA DONCEL, Juan (Coord.): *Cofradías penitenciales y Semana Santa. Actas del Congreso Nacional*. Córdoba: Diputación de Córdoba, pp. 237-272.

RODA PEÑA, José (2016a): "Diseños y esculturas de Pedro Roldán para los conventos dominicos de Sevilla", en SERRANO REYES, Jesús L. (Ed.): *Dominicos en Andalucía: Baena en el V Centenario de la Provincia Bética (1515-2015)*. Córdoba: Diputación de Córdoba, pp. 165-194.

RODA PEÑA, José (2016b): *Retablos itinerantes. El paso de Cristo en la Semana Santa de Sevilla*. Sevilla: Diputación de Sevilla.

RODA PEÑA, José (2016c): "Imágenes de devoción en la parroquia de Santa", en RODRÍGUEZ BABÍO, Amparo (Coord. y Ed.): *Santa Ana de Triana: Aparato histórico-artístico*. Sevilla: Real Parroquia de Santa Ana de Triana (Sevilla), pp. 427-461.

RODA PEÑA, José (2016d): "Cartelas del primitivo paso de Nuestro Padre Jesús Nazareno", en MARTÍNEZ LARA, Pedro Manuel (Coord.): *Los pasos de La O a través de sus 450 años de historia*, cat. exp. Sevilla: Archicofradía Sacramental de La O, pp. 64-67.

RODA PEÑA, José (2018): "La escultura sevillana del pleno barroco y sus protagonistas durante la segunda mitad del siglo XVII", en *El triunfo del Barroco en la escultura andaluza e hispanoamericana*. Granada: Universidad de Granada, pp. 229-266.

RODA PEÑA, José (2019): "«De pedestal a su grandeza». El paso procesional de Nuestro Padre Jesús de la Pasión", en RODA PEÑA, José (Coord.): *Pasión. Historia y patrimonio artístico*. Sevilla: Archicofradía del Santísimo Sacramento y Pontificia y Real de Nazarenos de Nuestro Padre Jesús de la Pasión y Nuestra Madre y Señora de la Merced, pp. 219-235.

RODA PEÑA, José (2021a): "Las hermandades sacramentales de Sevilla y sus custodias de asiento", en RODA PEÑA, José (Com. y Ed.): *Pange Lingua. Custodias de Sevilla*, cat. exp. Sevilla: Consejo General de Hermandades y Cofradías de la ciudad de Sevilla, pp. 14-33.

RODA PEÑA, José (2021b): "Diego de León, Cristóbal Sánchez de la Rosa y Juan Laureano de Pina. Custodia procesional de asiento", en RODA PEÑA, José (Com. y Ed.): *Pange Lingua. Custodias de Sevilla*, cat. exp. Sevilla: Consejo General de Hermandades y Cofradías de la ciudad de Sevilla, pp. 86-91.

RODA PEÑA, José (2023): "Pedro Roldán, «famoso artífice sevillano», a la luz de su fortuna crítica", en RODA PEÑA, José (Com. y Ed.): *Pedro Roldán, escultor (1624-1699)*, cat. exp. Sevilla: Consejería de Cultura, Turismo y Deporte. Junta de Andalucía, pp. 15-37.

RODRÍGUEZ BABÍO, Amparo (1999): "Primitiva Archicofradía Pontificia y Real Hermandad de Nazarenos de la Sagrada Entrada en Jerusalén, Santísimo Cristo del Amor, Nuestra Señora del Socorro y Santiago Apóstol", en SÁNCHEZ HERRERO, José; RODA PEÑA, José y GARCÍA DE LA CONCHA DELGADO, Federico (Coords.): *Misterios de Sevilla*, T. I. Sevilla: Ediciones Tartessos, pp. 141-163.

RODRÍGUEZ BABÍO, Amparo (2001): "La Hermandad de la Sexta Angustia y el Cristo del Amor de Triana", *Boletín de las Cofradías de Sevilla*, nº 506, pp. 112-115.

RODRÍGUEZ BABÍO, Amparo (2010): "Nuevos datos sobre la Hermandad de la Sexta Angustia de Triana", *Boletín de las Cofradías de Sevilla*, nº 614, pp. 317-323.

ROMERO TORRES, José Luis (2006): "Un retablo de Luis Ortiz de Vargas en Sevilla: la capilla de la familia Ramírez de Arellano (Notas artísticas sobre la capilla de la Hermandad Sacramental en la Iglesia de San Bartolomé de Sevilla)", *Atrio*, nº 12, pp. 33-56.

ROS GONZÁLEZ, Francisco S. (2002): "Un ejemplo de renovación neoclásica: la Hermandad de María Santísima de la Alegría de Sevilla", en RODA PEÑA, José (Coord.): *III Simposio sobre Hermandades de Sevilla y su provincia*. Sevilla: Fundación Cruzcampo, pp. 153-186.

ROS GONZÁLEZ, Francisco S. (2018): "Las imágenes titulares de la Archicofradía del Amor", en RODRÍGUEZ BABÍO, Amparo (Coord.): *Amor (1618-2018)*. Sevilla: Hermandad del Amor, pp. 143-176.

SALAZAR Y BERMÚDEZ, María Dolores (1949): "Pedro Roldán, escultor", *Archivo Español de Arte,* T. XXII, pp. 317-339.

SALAZAR Y BERMÚDEZ, María Dolores (1955): *Breves aportaciones a la escultura religiosa en Andalucía a través de una figura representativa*. Madrid: s. n.

SÁNCHEZ GORDILLO, Abad Alonso (1982): *Religiosas Estaciones que frecuenta la religiosidad sevillana*. Sevilla: Consejo General de Hermandades y Cofradías de la ciudad de Sevilla.

SÁNCHEZ LÓPEZ, Juan Antonio (2005): "Los Siete Dolores de María y la Virgen Dolorosa", en ROMERO TORRES, José Luis y TORREJÓN DÍAZ, Antonio (Coords.): *De Jerusalén a Sevilla. La Pasión de Jesús*, Vol. IV. Sevilla: Ediciones Tartessos, pp. 191-204.

SÁNCHEZ-MESA MARTÍN, Domingo (1991): "Los temas de la Pasión en la iconografía de la Virgen. El valor de la imagen como elemento de persuasión", *Cuadernos de Arte e Iconografía*, nº 7, pp. 167-185.

SANCHO CORBACHO, Heliodoro (1950): *El escultor sevillano Pedro Roldán y sus discípulos.* Sevilla: Artes Gráficas Salesianas.

SANTOS MÁRQUEZ, Antonio Joaquín: "Iconografía en las custodias de asiento sevillanas: fe y devoción en imágenes", en RODA PEÑA, José (Com. y Ed.): *Pange Lingua. Custodias de Sevilla*, cat. exp. Sevilla: Consejo General de Hermandades y Cofradías de la ciudad de Sevilla, pp. 46-59.

TORREJÓN DÍAZ, Antonio (2007): "Pedro Roldán. Arcángel San Gabriel, 1663", en ROMERO TORRES, José Luis y TORREJÓN DÍAZ, Antonio (Coms.): *Roldana*, cat. exp. Sevilla: Junta de Andalucía, Consejería de Cultura, pp. 160-161.

TORREJÓN DÍAZ, Antonio y ROMERO TORRES, José Luis: "Virgen de la Antigua y Siete Dolores y Compasión», en ROMERO TORRES, José Luis y TORREJÓN DÍAZ, Antonio (Coords.): *De Jerusalén a Sevilla. La Pasión de Jesús*, Vol. IV. Sevilla: Ediciones Tartessos, 2005, pp. 207-213.